Partidos políticos e sistemas partidários

O selo DIALÓGICA da Editora InterSaberes faz referência às publicações que privilegiam uma linguagem na qual o autor dialoga com o leitor por meio de recursos textuais e visuais, o que torna o conteúdo muito mais dinâmico. São livros que criam um ambiente de interação com o leitor – seu universo cultural, social e de elaboração de conhecimentos –, possibilitando um real processo de interlocução para que a comunicação se efetive.

Partidos políticos e sistemas partidários

Karolina Mattos Roeder
Sérgio Braga

EDITORA
intersaberes

Rua Clara Vendramin, 58 . Mossunguê
CEP 81200-170 . Curitiba . PR . Brasil
Fone: (41) 2106-4170
www.intersaberes.com
editora@editoraintersaberes.com.br

Conselho editorial
   Dr. Ivo José Both (presidente)
   Drª Elena Godoy
   Dr. Nelson Luís Dias
   Dr. Neri dos Santos
   Dr. Ulf Gregor Baranow
Editora-chefe
   Lindsay Azambuja
Supervisora editorial
   Ariadne Nunes Wenger
Analista editorial
   Ariel Martins

Preparação de originais
   Gilberto Girardello Filho
Capa
   Iná Trigo (design)
   Leonid Zarubin/Shutterstock (imagem)
Projeto gráfico
   Bruno de Oliveira
Diagramação
   Bruna Jorge
Iconografia
   Célia Kikue Suzuki

Dados Internacionais de Catalogação na Publicação (CIP)
(Câmara Brasileira do Livro, SP, Brasil)

Roeder, Karolina Mattos
   Partidos políticos e sistemas partidários/Karolina Mattos Roeder, Sérgio Braga. Curitiba: InterSaberes, 2017.

   Bibliografia.
   ISBN 978-85-5972-530-8

1. Democracia 2. Partidos políticos 3. Partidos políticos – Brasil 4. Sistemas partidários – Brasil I. Braga, Sérgio. II. Título.

17-08548   CDD-324

Índices para catálogo sistemático:
1. Partidos políticos: Ciências políticas 324

1ª edição, 2017.
Foi feito o depósito legal.
Informamos que é de inteira responsabilidade dos autores a emissão de conceitos.
Nenhuma parte desta publicação poderá ser reproduzida por qualquer meio ou forma sem a prévia autorização da Editora InterSaberes.
A violação dos direitos autorais é crime estabelecido na Lei n. 9.610/1998 e punido pelo art. 184 do Código Penal.

Sumário

11 *Apresentação*
15 *Como aproveitar ao máximo este livro*

PARTE I

19 **Partidos políticos e sistemas partidários: uma introdução**

Capítulo 1

21 **O surgimento e as características dos partidos políticos modernos**

(1.1)
23 Várias definições para o mesmo fenômeno

(1.2)
34 As origens dos partidos modernos

(1.3)
40 As funções dos partidos políticos

Capítulo 2

47 **Os partidos como organizações: das abordagens clássicas à tese do partido cartel**

(2.1)
49 Michels e a Lei de Ferro da Oligarquia

(2.2)
56 Democracia, organização e partidos políticos na obra de Michels

(2.3)
61 A tipologia de Duverger: partidos de quadros e partidos de massas

(2.4)
77 Modelos de partido: as contribuições de Panebianco para a análise dos partidos modernos

(2.5)
87 Os partidos cartéis de Katz e Mair

Capítulo 3
99 **Os partidos e os sistemas partidários: tipologias e critérios de contagem**

(3.1)
102 Os conceitos básicos para o estudo dos sistemas partidários

(3.2)
105 As classificações dos sistemas partidários

(3.3)
114 As tipologias modernas dos sistemas partidários

PARTE II

125 O debate contemporâneo sobre os partidos e a representação política: uma introdução ao caso brasileiro

Capítulo 4
127 **Os sistemas eleitorais**

(4.1)
130 As funções dos sistemas eleitorais

(4.1)
133 O princípio eleitoral majoritário

(4.2)
139 O princípio eleitoral proporcional

(4.3)
143 Os sistemas mistos

Capítulo 5
151 **Os efeitos do sistema eleitoral no sistema partidário**

(5.1)
153 As Leis de Duverger

(5.2)
158 A fragmentação partidária

Capítulo 6
167 **Representação e crise partidária**

(6.1)
169 Manin e os governos representativos

(6.2)
176 Partidos sem partidários

(6.3)
181 Declínio ou transformação dos partidos políticos

Capítulo 7
191 **Os partidos e os sistemas partidários no Brasil: do Império à Primeira República**

(7.1)
193 O período pré-republicano

(7.2)
198 Os partidos na Primeira República (1889-1930)

Capítulo 8
205 **Os partidos e os sistemas partidários no Brasil: da Revolução de 1930 aos tempos atuais**

(8.1)
207 O Estado Novo e o regime militar

(8.2)
212 A Nova República e o atual quadro partidário

227 *Para concluir...*
231 *Referências*
243 *Respostas*
251 *Sobre os autores*

O trabalho intelectual é sempre resultado do esforço coletivo – e este livro não é uma exceção. Ele é fruto das reflexões e atividades de ensino, pesquisa e extensão na Universidade Federal do Paraná (UFPR), cujas temáticas eram as instituições políticas, em geral, e os partidos políticos, em particular.
Agradecemos, em primeiro lugar, aos colegas do Departamento de Ciência Política (DECP) e do Programa de Pós-Graduação em Ciência Política (PPGCP) da UFPR, que nos propiciaram o ambiente intelectual adequado para uma reflexão pluralista sobre os partidos políticos, com diferentes paradigmas para a análise
Em segundo lugar, agradecemos à Editora InterSaberes pelo convite para a elaboração deste livro e pelo extremo profissionalismo durante os trabalhos de edição. Agradecemos também aos colegas professores de Ciência Política, Luiz Domingos Costa e Pedro Leonardo Medeiros, pela troca de ideias sobre vários temas que integram essa obra.
Por fim, agradecemos a Márcio Cunha Carlomagno, doutorando em Ciência Política pela UFPR, que contribuiu com reflexões e importantes sugestões incorporadas a esse texto.
Certamente as colaborações concorreram para a qualidade do livro, por isso deixamos aqui nossos sinceros agradecimentos a todos.

Apresentação

Nos últimos anos, as democracias representativas têm sido marcadas por um paradoxo já observado por vários analistas políticos. À medida que se difundem pelo mundo afora, que há eleições regulares para a escolha de representantes, que novos governantes são empossados sem interrupção e que isso tudo é consolidado, algumas instituições que integram essas democracias, como órgãos legislativos e partidos políticos, mais e mais têm sido objeto de desconfiança, quando não de forte rejeição, por grande parte dos cidadãos.

Pesquisas recentes de organizações brasileiras e internacionais apontam os partidos políticos, juntamente aos órgãos parlamentares, como as instituições menos confiáveis aos olhos da população. Efetuada em julho de 2014, a sexta onda do World Values Survey colocou os partidos em último lugar entre as instituições em que a população brasileira confia, com apenas 1,1% dos entrevistados "confiando totalmente" neles, o que representa um índice bastante inferior ao obtido por organizações como universidades (25,2%), igrejas (22,7%), forças armadas (20,7%) e polícia (6,5%). Uma pesquisa recente do Datafolha sobre os índices de confiança das instituições políticas brasileiras, realizada em convênio com a Ordem dos Advogados do Brasil (OAB), também classificou os partidos como as instituições menos confiáveis entre todas as que foram avaliadas, com cerca de 91% dos entrevistados afirmando que não confiam neles (Pesquisa..., 2015). Mais recentemente, a Corporação Latinobarômetro classificou os partidos políticos como as instituições menos confiáveis da América Latina, com somente 17% dos entrevistados afirmando confiarem neles (Corporación Latinobarómetro, 2016). Esse fato se repete em outros países do mundo e tem sido frequentemente observado por especialistas.

Como explicar a existência de tantos partidos políticos pelo mundo, se eles são objeto de constante e crescente desconfiança? Por que, mesmo em democracias consolidadas, em que os partidos políticos têm grande influência no processo de elaboração de políticas públicas, permanece o sentimento generalizado de rejeição difusa em relação às instituições representativas, de uma maneira geral, e aos partidos, em particular? Qual é a relação desses fatos com o papel dos partidos na sociedade moderna? O que são, enfim, os partidos políticos e quais são as funções que eles desempenham na sociedade contemporânea, especialmente na democrática? Foram questões como essas que motivaram a elaboração deste livro.

Na realidade, gostemos ou não dos partidos políticos, o fato é que, na imensa maioria das vezes, é por meio deles que escolhemos nossos representantes, que nos governarão por determinado período de tempo. Portanto, é indispensável que os analistas políticos e o público tenham uma visão mais abrangente do assunto.

Sem ter a pretensão de esgotar um tema tão vasto, pretendemos, nesta obra, tecer uma breve introdução ao tema dos partidos políticos e dos sistemas partidários, a fim de oferecer ao leitor subsídios para respostas fundamentadas às questões anteriormente formuladas.

Para cumprir esse objetivo, na primeira parte do livro apresentaremos definições e abordagens clássicas sobre os partidos e os sistemas partidários. No Capítulo 1, examinaremos os conceitos fundamentais ao entendimento dos partidos políticos, suas origens e sua evolução até a atualidade – como eles foram se adaptando à medida que as democracias se difundiram no século XX. No Capítulo 2, compilaremos as principais contribuições de autores cujas análises servem de referência para a construção de um debate. No Capítulo 3, explicaremos a discussão atual sobre os sistemas partidários e os principais conceitos para seu estudo, assim como as tipologias construídas para analisá-los.

Na segunda parte do livro, abordaremos a representação política, os partidos e os sistemas partidários no contexto brasileiro. No Capítulo 4, trataremos da questão da representação com base no estudo dos sistemas eleitorais, a fim de indicar os diferentes modelos e fórmulas para transformar votos em cadeiras no Legislativo e no Executivo. No Capítulo 5, apresentaremos as Leis de Duverger, relacionando os sistemas eleitorais aos partidários na constituição dos processos de representação política. No Capítulo 6, elencaremos as perspectivas sobre a crise dos partidos políticos, com enfoque na questão da representação. Por fim, nos Capítulos 7 e 8, propiciaremos uma visão panorâmica sobre a evolução dos partidos no decorrer da história política brasileira, do Brasil Império à República Velha, e de 1930 aos dias atuais.

Nossas análises serão sempre acompanhadas de referências e exercícios para que o leitor se aprofunde sobre o tema com mais autonomia.

Boa leitura!

Como aproveitar ao máximo este livro

Este livro traz alguns recursos que visam enriquecer o seu aprendizado, facilitar a compreensão dos conteúdos e tornar a leitura mais dinâmica. São ferramentas projetadas de acordo com a natureza dos temas que vamos examinar. Veja a seguir como esses recursos se encontram distribuídos no decorrer desta obra.

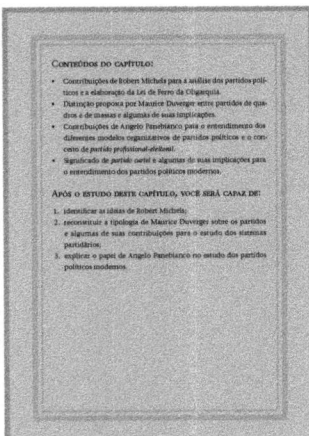

Conteúdos do capítulo:

Logo na abertura do capítulo, você fica conhecendo os conteúdos que nele serão abordados.

Após o estudo deste capítulo, você será capaz de:

Você também é informado a respeito das competências que irá desenvolver e dos conhecimentos que irá adquirir com o estudo do capítulo.

Síntese

Você dispõe, ao final do capítulo, de uma síntese que traz os principais conceitos abordados.

Questões para revisão

Com estas atividades, você tem a possibilidade de rever os principais conceitos analisados. Ao final do livro, os autores disponibilizam as respostas às questões, a fim de que você possa verificar como está sua aprendizagem.

Questões para reflexão

Nesta seção, a proposta é levá-lo a refletir criticamente sobre alguns assuntos e a trocar ideias e experiências com seus pares.

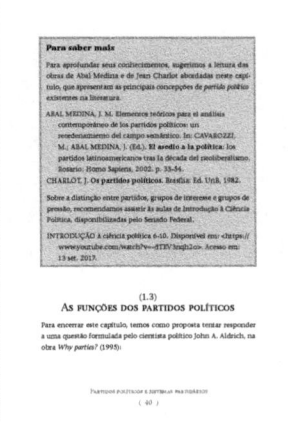

Para saber mais

Você pode consultar as obras indicadas nesta seção para aprofundar sua aprendizagem.

Estudo de caso

Esta seção traz ao seu conhecimento situações que vão aproximar os conteúdos estudados de sua prática profissional.

Karolina Mattos Roeder e Sérgio Braga

PARTE I
Partidos políticos e sistemas partidários: uma introdução

*Os partidos políticos criaram a democracia,
e a democracia moderna é impensável,
exceto em termos de partidos.*
(Schattschneider, 1942).

Capítulo 1

O surgimento e as
características dos partidos
políticos modernos

Conteúdos do capítulo:

- Definições de *partido político*.
- Semelhanças e diferenças entre os conceitos de *partido político*.
- Restrições e críticas a algumas concepções de *partido político*.
- Proposta de sistematização conceitual de *partido político*.

Após o estudo deste capítulo, você será capaz de:

1. compreender as diversas concepções de *partido político* e suas principais características;
2. explicar o papel dos partidos políticos em um sistema democrático;
3. distinguir os partidos de outros grupos de intervenção política, tais como grupos de pressão e sindicatos;
4. identificar as principais etapas da evolução dos partidos políticos nas democracias modernas.

Atualmente, partidos políticos são praticamente universais, já que existem na maioria dos Estados modernos. Mas o que são? Como surgiram? Para que existem? Para responder a essas questões, trataremos nas próximas seções das diferentes definições de *partido político*, qual sua finalidade, especialmente dentro dos sistemas democráticos, e como se formaram os partidos modernos.

(1.1)
VÁRIAS DEFINIÇÕES PARA O MESMO FENÔMENO

As sociedades são formadas por uma grande diversidade de ideias, e cada cidadão deseja um governo que corresponda às suas demandas. Assim, os partidos que atendem aos anseios da maioria da população geralmente são aqueles eleitos para governar. Afinal, uma das funções dos partidos e dos políticos a eles filiados é servir como ferramenta para a divulgação de ideias, para a persecução de interesses e para a satisfação de demandas.

Os partidos podem ser definidos de muitas maneiras, mas é possível detectar alguns elementos comuns à maioria dessas definições. De maneira geral, um partido é um grupo cujos membros, com ideias em comum expressas em um programa político, pretendem agir para obter o poder político de dada coletividade, por meios eleitorais ou não. Para isso, esse grupo formula questões amplas e apresenta candidatos a eleições ou procura mobilizar a população de alguma forma, com a finalidade de atingir seus objetivos. Na percepção corrente de parcelas significativas da população e de muitos analistas políticos, as **organizações partidárias** são agrupamentos das elites políticas, identificados com um rótulo ou com algumas ideias gerais, nem sempre conectadas aos anseios da opinião pública. Essas organizações também apresentam regularmente candidatos às eleições com vistas à obtenção de cargos públicos.

Os problemas começam quando se aplica determinada concepção de *partido político* na análise de situações concretas em diferentes sistemas políticos. Na realidade cotidiana, observamos dois fenômenos políticos que problematizam essa acepção genérica de *partido* apenas como um grupo de pessoas que procura exercer o poder político mediante a disputa por eleições, como tenderia a afirmar o senso comum.

De um lado, há as organizações que se autoidentificam como partidos políticos, mas que não se propõem explicitamente a disputar eleições. Esse é o caso dos partidos clandestinos que surgem em governos ditatoriais – impedidos por esse regime político de disputar eleições – e de regimes políticos autoritários, como o fascismo italiano ou o nazismo alemão, cujos partidos suprimiram eleições e fecharam o parlamento após a chegada ao poder. Por outro lado, existe uma ampla variedade de organizações cujos líderes são eletivos, mas que não podem ser consideradas partidos políticos. É o caso, por exemplo, de vários tipos de sindicatos, movimentos sociais e modalidades de associação de classe existentes nas sociedades modernas. Esses são alguns exemplos de fenômenos que tornam necessária uma visão mais abrangente sobre o que é *partido político*.

Como informa o cientista político italiano Giovanni Sartori (1982), essa questão atraiu a atenção de vários filósofos e pensadores políticos clássicos quando os primeiros partidos políticos modernos começaram a se organizar, especialmente a partir do **século XVII**. Autores como o filósofo escocês **David Hume** (1711-1776) ou o pensador político inglês **Edmund Burke** (1729-1797) – para citar apenas os mais destacados – produziram reflexões pioneiras sobre o assunto antes mesmo da ampla difusão dos partidos pelos sistemas políticos do mundo (Hume, 1742). De acordo com Sartori (1982), nessa fase de surgimento dos partidos políticos, muitos filósofos adotaram uma visão pejorativa, encarando-os não como um elemento fundamental do processo de representação política nas sociedades modernas, mas associando-os ao facciosismo e ao conflito de interesses que poderiam, inclusive, pôr em perigo a coesão de determinada comunidade política, conduzindo-a à guerra civil.

Apesar dessas reflexões esparsas sobre os partidos políticos, foi apenas no fim do **século XIX**, com a transformação das antigas facções e dos grupos parlamentares em "partidos de notáveis" – algo que ocorreu com a extensão do sufrágio e o surgimento dos primeiros partidos socialistas de massa na Europa Ocidental –, que os partidos passaram a ser objeto de estudos mais sistemáticos por parte de cientistas sociais. Nesse contexto, destacam-se os trabalhos pioneiros de **Moisei Ostrogorski** (1854-1921), **Robert Michels** (1876-1936) e **Max Weber** (1864-1920). A principal inovação desses autores foi considerar os partidos como instituições legítimas e constitutivas do processo de formação de políticas governamentais e de representação de interesses das sociedades modernas, e não como uma espécie de anomalia que poderia levar à própria desintegração da *polis* em virtude de seu facciosismo[1]. Isso deu início aos primeiros enfoques propriamente científicos dos partidos políticos, ou seja, a tentativas mais sistemáticas de compreender sua natureza, suas características básicas, a dinâmica de sua evolução no decorrer do tempo, bem como as funções que poderiam desempenhar em um sistema político mais amplo.

---

1   Ostrogorski foi um cientista político e historiador russo que escreveu diversos trabalhos sobre os partidos políticos na virada do século XIX para o século XX; Michels foi um sociólogo político alemão radicado na Itália, onde publicou várias obras sobre os partidos políticos e a política italiana; e o sociólogo alemão Weber, um dos principais cientistas sociais do século passado, escreveu diversos trabalhos sobre os partidos políticos e a política moderna.

Uma questão que desde o início ocupou os filósofos políticos, assim como outros analistas que os sucederam, foi a elaboração de uma definição minimamente precisa de *partido político*, capaz de diferenciá-los de outras organizações e grupos de intervenção política que também participavam do jogo político das diferentes sociedades, especialmente das democráticas.

Com efeito, o que são *partidos políticos* e quais são suas especificidades em comparação com instituições como sindicatos, associações de classe, movimentos sociais organizados, grupos de pressão e outras organizações políticas de várias naturezas? Para obtermos uma visão minimamente precisa sobre o papel dos partidos e dos sistemas partidários na sociedade contemporânea, essas são as primeiras questões que devemos abordar.

A primeira observação a esse respeito é que não existe um consenso na ampla bibliografia dedicada aos partidos políticos. Como observa **Juan Manuel Abal Medina** (1945-), definições distintas têm sido formuladas por estudiosos do assunto, cada uma delas se concentrando em um aspecto específico das organizações partidárias. Abal Medina (2002) classifica as concepções de *partido* em três grandes grupos, segundo o critério da maior ou da menor amplitude do escopo de atuação dos partidos em comparação com outras organizações:

1. concepções estreitas ou eleitorais;
2. definições excessivamente amplas ou orientadas pelo poder ou pela influência; e
3. definições intermediárias, que se aproximam da natureza dos partidos políticos e de suas especificidades em relação a outras organizações que também almejam influenciar o exercício do poder político.

Como exemplo das concepções excessivamente **restritivas** de *partido*, podemos mencionar a elaborada pelo economista e cientista político norte-americano **Anthony Downs** (1930-). Em seu importante livro *Uma teoria econômica da democracia*, o autor afirma: "um partido político é uma equipe de homens que buscam controlar o aparato de governo, obtendo cargos numa eleição devidamente constituída" (Downs, 1999, p. 47). Essa concepção, também conhecida como *definição eleitoral*, é adotada por outros autores, como **Angelo Panebianco** (1948-). Na obra *Modelos de partido: organização e poder nos partidos políticos*, Panebianco (2005, p. 11) aponta que os partidos, assim como qualquer outra organização, são definidos pelo ambiente em que atuam, e que "somente os partidos operam na cena eleitoral e competem por votos".

Por serem excessivamente estreitas, as concepções eleitorais de *partido* têm sido criticadas por diversos analistas, pois não abrangem, por exemplo, partidos que se organizam em sociedades autocráticas ou ditatoriais e que não têm como objetivo primário a disputa de eleições. Esse é o caso de partidos com grande número de filiados e simpatizantes, que tiveram intensa atuação na clandestinidade ou na semiclandestinidade no século XX, tais como o Partido Comunista Chinês – antes da Revolução Chinesa (1949) – e o antigo Partido Comunista Brasileiro (PCB) – que permaneceu ilegal por muito tempo e foi cassado em 1947, em pleno período democrático. Esses partidos, embora fossem declarados ilegais e não disputassem eleições regulares, tinham muitos militantes e filiados, um programa político que norteava sua ação e uma organização estável e capilarizada por um grande território.

Outra crítica efetuada à definição eleitoral é a de que, muitas vezes, as agremiações partidárias disputam as eleições não com o objetivo de conquistar cargos públicos, mas de atingir outras metas, como fazer propaganda de alguma causa ou protestar contra dada política de governo ou um fato político.

Diante desses problemas, muitos autores elaboraram concepções mais **amplas** de *partido político*, não associando o termo apenas às disputas por cargos em pleitos eleitorais. Podemos destacar a definição clássica de Weber (1922, p. 288, citado por Abal Medina, 2002, tradução nossa), que define *partido político* como qualquer "forma de socialização (ou associação) que, baseando-se em um recrutamento formalmente livre e voluntário, tem por objetivo proporcionar aos dirigentes da associação determinadas probabilidades ideais ou materiais de exercício do poder". Outro exemplo de conceituação ampla de partido político foi formulado pela cientista política Anna Oppo, no verbete "partidos políticos" do *Dicionário de política*, organizado pelo cientista político Norberto Bobbio (1909-2004). De acordo com o verbete, "Na noção de partido entram todas as organizações da sociedade civil surgidas no momento em que se reconheça teórica ou praticamente ao povo o direito de participar na gestão do poder político. É com este fim que ele se associa, cria instrumentos de organização e atua" (Partidos políticos, 1999, p. 899).

Como apontam vários autores da área, o problema dessas concepções excessivamente amplas é considerar *partido* qualquer associação que maximize a influência de seus filiados no processo decisório governamental. Esse procedimento implica incorrer em um equívoco oposto ao cometido pelas definições anteriores. Nele, contempla-se uma série de outras organizações que, embora também almejem uma ampliação do poder ou da influência de seus membros, geralmente não são consideradas *partidos políticos* no sentido estrito da expressão. É o caso, por exemplo, de sindicatos, entidades de classe, movimentos sociais e grupos de interesse que, embora busquem ampliar a esfera de poder e de influência de seus integrantes, não apresentam os atributos específicos que caracterizam as organizações partidárias. Para enfrentar esses problemas lógicos, outros autores propuseram definições **intermediárias**, distinguindo-se tanto das concepções excessivamente restritivas (orientadas para as eleições) quanto das excessivamente ampliadas (orientadas para o poder ou para a influência). Entre esses autores destacam-se os cientistas políticos **Kenneth Janda** (1935-), **Jean Charlot** (1932-1997) e **Joseph La Palombara** (1925-), os quais apontam que, para que existam partidos políticos e para que uma associação ou organização qualquer seja assim qualificada, são necessárias algumas condições básicas:

- existência de uma organização duradoura e estável, diferente de associações provisórias que lutam por objetivos específicos e de curto prazo, como ligas e grupos de pressão e movimentos associativos;
- articulação em diferentes níveis hierárquicos espalhados por um espaço territorial;
- vontade deliberada e consciente (planejada) dos dirigentes da organização de exercer e conservar o poder político por meio da ocupação de cargos governamentais nas instituições centrais do sistema político; e
- busca por apoio popular ou base social para obtenção de seus fins (primordialmente, mas não de maneira exclusiva, por eleições).

Como observa Charlot (1982, p. 7),

Um partido político implica a continuidade, a extensão ao nível local e a permanência de um sistema de organização de um lado e, de outro, a vontade manifesta e efetiva de exercer diretamente o poder, apoiando-se em uma audiência, elitista ou popular, militante ou eleitoral, tão ampla quanto possível. Assim definido, um partido é uma estrutura relativamente recente, ligada a certo limiar de desenvolvimento econômico, social e político.

Combinando as caraterísticas apresentadas, podemos formular uma definição que permita distinguir os partidos dos grupos parlamentares sem estrutura organizacional estável fora do parlamento e de outras associações que buscam influenciar o poder político, mas sem pleitear a conquista direta de cargos na esfera governamental. Vejamos:

> Partido político é uma associação voluntária que busca exercer o poder em dada coletividade política por meio da ocupação de cargos governamentais, que se organizam hierarquicamente em torno de um programa que mobilize determinada base social.

Para facilitar a compreensão das várias concepções de *partido político*, observe o quadro a seguir, que ilustra a natureza complexa do fenômeno.

Quadro 1.1 – Síntese da definição de *partido político*

Edmund Burke (1770)	*"Um partido é um corpo de homens unidos para a promoção por seus empreendimentos conjuntos de interesse nacional, a partir de algum princípio específico no qual eles concordam."*
Anthony Downs (1957)	*"No sentido mais amplo, um partido político é uma coligação de homens que procuram controlar o aparelho governamental por meios legais. Por coalizão, queremos dizer um grupo de indivíduos que têm determinados fins em comum e cooperam entre si para alcançá-los. Por aparato governamental, queremos dizer o equipamento físico, legal e institucional que o governo usa para desempenhar o seu papel especializado na divisão do trabalho. Por meios legais, nós entendemos influência devidamente constituída e legítima."*

(continua)

(Quadro 1.1 – conclusão)

V. O. Key Jr. (1964)	*"Um partido político, pelo menos no cenário americano, tende a ser um 'grupo' de uma espécie peculiar. Dentro do corpo de eleitores como um todo, esses grupos são formados por pessoas que se consideram membros de um partido. Em outro sentido, o termo 'partido' pode referir-se a um grupo de trabalhadores mais ou menos profissional. Às vezes, partido denota grupos dentro do governo. Muitas vezes, isso se refere a uma entidade que desempenha um papel de partido-no-eleitorado, o grupo político profissional, o partido-na-legislatura e partido-no-governo. [...] No entanto, tanto analiticamente quanto operacionalmente, o termo 'partido', na maioria das vezes, pode referir-se a vários tipos de grupos e é útil manter relativamente claro o sentido em que o termo é usado."*
Joseph Schumpeter (1941)	*"Um partido político é um grupo cujos membros se propõem a agir de comum acordo na luta de concorrência pelo poder político."*
Leon D. Epstein (1980)	*"O que se entende por um partido político é qualquer grupo, ainda que pouco organizado, que busque eleger cargos governamentais sob um dado rótulo."*
Joseph Schlesinger (1991)	*"Um partido político é um grupo organizado para ganhar o controle do governo ao vencer a eleição para um cargo público."*
John Aldrich (1995)	*"Os partidos políticos podem ser vistos como coalizões de elites para capturar e usar cargos políticos. Mas um partido político é mais do que uma coalizão. Um partido político é uma coalizão institucionalizada, que adotou regras, normas e procedimentos."*

Fonte: Adaptado de White, 2006, p. 6, tradução nossa.

O diagrama da Figura 1.1 ilustra a relação lógica conceitual de *partido político*.

Figura 1.1 – Relações entre as diferentes concepções de *partido*

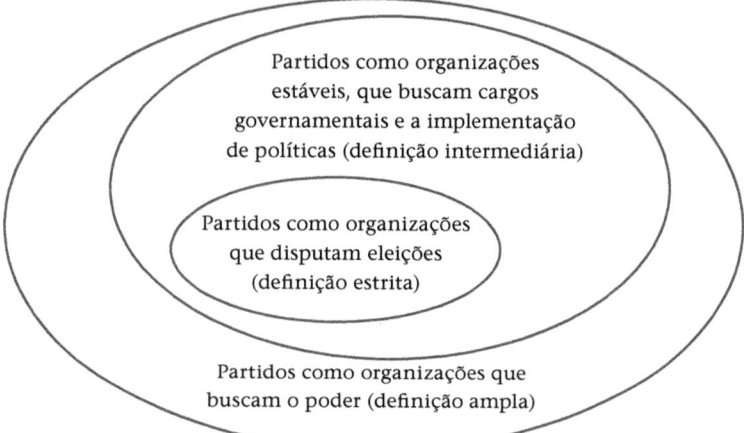

> Diante da existência de várias definições de *partido político*, constatamos que a **intermediária** permite analisá-lo em contextos tanto democráticos quanto não democráticos.

Diante da existência de várias definições de *partido político*, constatamos que a **intermediária** permite analisá-lo em contextos tanto democráticos quanto não democráticos. Afinal, ao lado das democracias pluralistas, em que vários partidos competem entre si pela preferência dos eleitores (como nos Estados Unidos, no Reino Unido e no Brasil), há o funcionamento dos partidos políticos em contextos não democráticos, a exemplo do regime autoritário de partido único da Coreia do Norte, dos regimes autoritários que suprimiram partidos, como o Estado Novo brasileiro (1937-1945), e das ditaduras militares que vigoraram em alguns países sul-americanos, inclusive no Brasil, nos anos 1970[2].

---

[2] Um ótimo exemplo de partido político que funcionou em um período ditatorial é o de John Foster Dulles sobre o PCB, intitulado O comunismo no Brasil *(1982)*.

Partidos políticos, grupos de interesse e grupos de pressão (*lobbies*)

Uma das distinções mais importantes da ciência política é a existente entre partidos políticos, grupos de interesse e grupos de pressão, elaborada especificamente para evitar as confusões já mencionadas. Essas três instituições desempenham um papel importante, especialmente nos regimes democráticos, embora apresentem naturezas distintas. Os **grupos de interesse** procuram agir na sociedade e exercer influências sociais com base em interesses setoriais ou particularistas específicos, sem exercer diretamente o poder governamental com o lançamento de candidatos a cargos eletivos, por exemplo. Entretanto, nem todo grupo de interesse é um grupo de pressão. Um **grupo de pressão**, ou *lobby*, é constituído especificamente para pressionar as autoridades governamentais – no Executivo, no Legislativo e no Judiciário –, a fim de se obter uma decisão ou política pública favorável aos lobistas. Já um grupo de interesse pode atuar na sociedade civil sem necessariamente ter vínculos com autoridades governamentais, como um sindicato ou uma associação empresarial. Por outro lado, tais grupos podem se tornar grupos de pressão caso se organizem com o objetivo de obter uma decisão específica do Poder Público. Já os **partidos**, como afirmamos anteriormente, buscam objetivos mais abrangentes pelo exercício do poder governamental, especialmente por meio da apresentação de candidatos às eleições. É por esse motivo que grandes entidades e movimentos sociais, como o Movimento dos Trabalhadores Sem Terra (MST) e a Confederação Nacional da Indústria (CNI),

> não podem ser considerados partidos políticos, embora, na condição de grupo de interesse, possam se constituir em grupos de pressão.

(1.2)
As origens dos partidos modernos

Para abordarmos as origens dos partidos, iniciamos com a seguinte indagação: Quando surgiram as associações voluntárias, que buscam exercer o poder governamental e que se estruturam em torno de um programa de gestão de uma comunidade política em seus múltiplos níveis?

Entendidos dessa forma, os partidos políticos são fundamentalmente um produto do século XIX, formados a partir da institucionalização e da gradual expansão organizacional dos antigos grupos parlamentares; ou a partir da agregação de outras associações que se formaram fora do parlamento (sindicatos, associações de ajuda mútua etc.), as quais progressivamente se articularam para formar agrupamentos políticos que alcançassem representação parlamentar e exercessem o poder governamental, seja por intermédio de um movimento insurrecional (caso dos bolcheviques na Rússia Czarista), seja pela disputa regular de eleições.

Em seu livro *Partidos e sistemas partidários,* Sartori (1982, p. 23, grifo do original) esclarece que "o termo partido entrou em uso substituindo gradualmente a expressão depreciativa 'facção' com a aceitação da ideia de que um partido não é necessariamente uma facção, que não é necessariamente um mal e que não perturba necessariamente o *homem comum*, o bem-estar comum". Assim, para o surgimento e a posterior difusão dos partidos, foi necessário que se legitimasse na sociedade a ideia de que a organização de atores em torno de um programa para a implementação de políticas governamentais é um ato legítimo, e não algo que, necessariamente, levará à desagregação da sociedade, à guerra civil ou à corrupção endêmica. Estudos históricos demonstram que esse fenômeno surgiu essencialmente durante os séculos XVIII e XIX na Europa e nos EUA, basicamente como uma resposta dos antigos grupos parlamentares à organização das classes médias e das classes trabalhadoras em decorrência da Revolução Industrial (1760-1840), e também como um desdobramento da antiga representação parlamentar aristocrática existente no mundo feudal.

No entanto, ao levarmos em consideração a definição intermediária,

é evidente que os partidos políticos não se manifestam de modo algum antes do século XIX. Na Inglaterra, o partido moderno vem à luz no dia seguinte ao da reforma eleitoral de 1832, com a organização local, por iniciativa dos liberais, de associações de inscrição dos eleitores nas listas eleitorais. Na França e em outros países do continente europeu, a transformação das 'ligas parlamentares' e dos clubes políticos em organizações de massas acha-se vinculada à revolução de 1848. Nos Estados Unidos, embora grandes partidos modernos bem estruturados tenham surgido entre 1790-1799 com os federalistas de Hamilton e Adams e os republicanos de Jefferson e Madison, é preciso esperar a época de Andrew Jackson, em 1830, para que a organização dos partidos se desenvolva até a criação de sólidas bases locais apoiadas em vastas camadas populares.

(Charlot, 1982, p. 11)

Essa afirmação de Charlot é corroborada por Sartori (1982), embora estudos mais recentes demonstrem a diversidade de vias pelas quais os partidos se formaram, e não apenas a ramificação organizacional de grupos ou ligas parlamentares preexistentes (Scarrow, 2006). Esses estudos mostram que, após a formação dos primeiros partidos nos EUA e em alguns países europeus, outros partidos políticos começaram a se organizar, mesmo onde não existiam parlamentos funcionando regularmente, e a reivindicar sua formação, como na Rússia Czarista e na Itália (Scarrow, 2006).

Entretanto, apesar das singularidades das vias históricas de formação dos partidos políticos nos diferentes países, podemos sintetizar, em um esquema teórico evolutivo geral, as grandes linhas de desenvolvimento dos partidos políticos modernos. Para isso, recorreremos mais uma vez a Sartori (1982), que formulou um modelo de transição de um **governo responsável** – no qual os grupos parlamentares pré-partidários exercem certo controle e vigilância sobre os governos, especialmente nas monarquias constitucionais europeias dos séculos XVII e XVIII – para **governos partidários**, consolidados após a extensão do direito de voto e do surgimento de partidos operários de massa a partir do fim do século XIX. Vejamos a Figura 1.2, que sintetiza essa evolução

Figura 1.2 – Evolução dos partidos políticos na história moderna

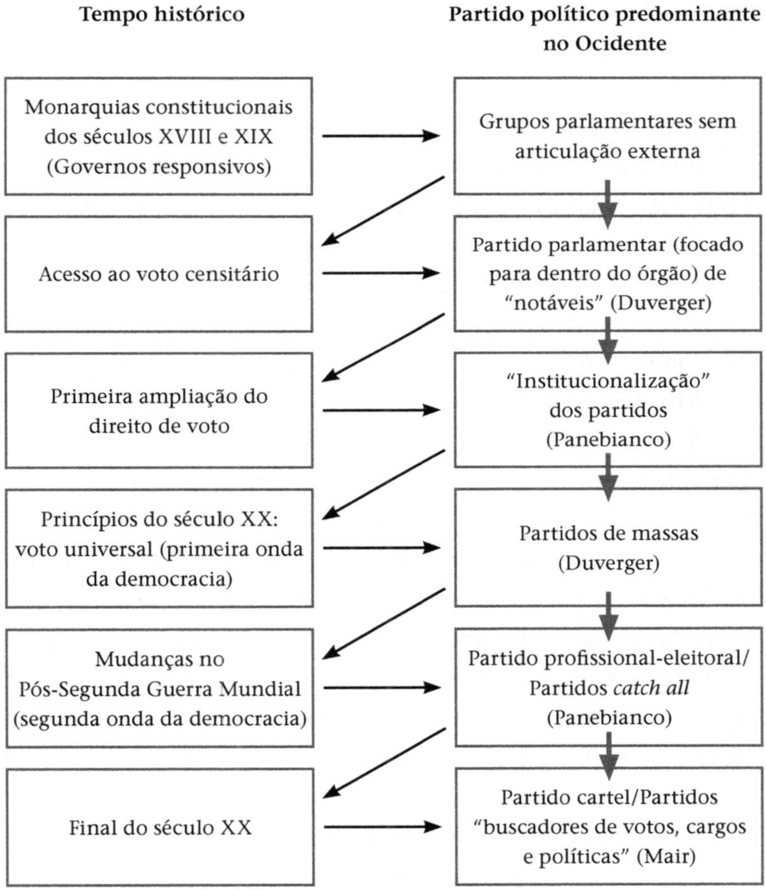

Tempo histórico	Partido político predominante no Ocidente
Monarquias constitucionais dos séculos XVIII e XIX (Governos responsivos)	Grupos parlamentares sem articulação externa
Acesso ao voto censitário	Partido parlamentar (focado para dentro do órgão) de "notáveis" (Duverger)
Primeira ampliação do direito de voto	"Institucionalização" dos partidos (Panebianco)
Princípios do século XX: voto universal (primeira onda da democracia)	Partidos de massas (Duverger)
Mudanças no Pós-Segunda Guerra Mundial (segunda onda da democracia)	Partido profissional-eleitoral/ Partidos *catch all* (Panebianco)
Final do século XX	Partido cartel/Partidos "buscadores de votos, cargos e políticas" (Mair)

Fonte: Elaborado com base em Sartori (1982), Duverger (1954), Panebianco (2005) e Mair (1997).

Assim, é possível constatar que os partidos não permaneceram estáticos e imutáveis durante o desenvolvimento político de cada país. Eles evoluíram e se modificaram em função de mudanças no ambiente em que atuavam, sejam estas de natureza econômica, social e política, sejam relacionadas à própria evolução organizacional dos partidos e da cultura política de suas elites dirigentes. Tais mudanças influenciaram o desempenho dos partidos como organizações e suas relações com os cidadãos, com repercussões sistêmicas mais amplas nos processos de representação política e de governo.

Nesse sentido, podemos apontar uma evolução dos grupos políticos "protopartidários", existentes nos parlamentos das monarquias constitucionais e que surgiram após as revoluções inglesa e francesa dos séculos XVII e XVIII, até os modernos partidos cartéis, intimamente associados ao aparelho de Estado e cada vez mais dependentes deste. Momentos relevantes desse processo evolutivo foram a formação de **partidos de notáveis** no século XIX, seguida dos **partidos de massas** no século XX, em decorrência da ampliação do sufrágio e da incorporação de crescentes contingentes de eleitores ao processo político. Com a institucionalização dos partidos de massas e a participação cada vez mais frequente destes no processo eleitoral, emergiram os **partidos *catch-all*** (pega tudo) ou os partidos profissionais-eleitorais.

Por fim, com a dependência cada vez maior dos partidos eleitorais de recursos estatais, houve a formação dos **partidos cartéis**, em que as agremiações partidárias procuraram assegurar o monopólio da representação política, excluindo potenciais competidores do jogo político. Todos esses processos tiveram fortes impactos não apenas nas organizações partidárias em sentido estrito, mas também no sistema político mais amplo, incidindo fortemente sobre os processos de representação política e de governo e na cultura política dos cidadãos.

Recentemente, em decorrência da crescente "cartelização" do jogo político, os partidos norteiam sua atuação em resposta a modalidades diferentes de estímulos. Aplicando esse critério, poderíamos definir três tipos ideais de partidos políticos, com base na intensidade de procura por parte das organizações partidárias: (1) partidos buscadores de votos (*vote-seeking*); (2) partidos buscadores de cargos (*office-seeking*); e (3) partidos buscadores de políticas públicas (*office-seeking*).

Enfim, é fundamental compreendermos os partidos políticos como organizações em constante mudança adaptativa ao ambiente, tendo em vista, por exemplo, o crescimento da internet e das redes digitais como ferramentas de organização política. Por esse motivo, muitos autores afirmam que o impacto da tecnologia e das redes sociais abre o caminho para formatos mais transparentes e participativos, mais democráticos e menos dependentes do Estado e que extravasam o modelo do partido cartel (Margetts, 2006).

No caso do Brasil, observamos esse processo histórico de evolução das organizações partidárias com os primeiros partidos políticos, que se distinguiam das antigas facções ou grupos parlamentares que existiam desde os tempos coloniais e da proclamação da independência. Como informa Vamireh Chacon em sua *História dos partidos brasileiros* (1998), os primeiros partidos no Brasil surgiram apenas na década de 1830, no período da Regência, com a formação dos partidos Liberal (1831) e Conservador (1834), que foram seguidos por outras tentativas de organização partidária, embora sem a mesma representatividade social dessas duas agremiações. Nos capítulos finais deste livro, veremos os principais momentos da evolução do sistema partidário brasileiro.

> **Para saber mais**
>
> Para aprofundar seus conhecimentos, sugerimos a leitura das obras de Abal Medina e de Jean Charlot abordadas neste capítulo, que apresentam as principais concepções de *partido político* existentes na literatura.
>
> ABAL MEDINA, J. M. Elementos teóricos para el análisis contemporáneo de los partidos políticos: un reordenamiento del campo semántico. In: CAVAROZZI, M.; ABAL MEDINA, J. (Ed.). **El asedio a la política**: los partidos latinoamericanos tras la década del neoliberalismo. Rosario: Homo Sapiens, 2002. p. 33-54.
>
> CHARLOT, J. **Os partidos políticos**. Brasília: Ed. UnB, 1982.
>
> Sobre a distinção entre partidos, grupos de interesse e grupos de pressão, recomendamos assistir às aulas de Introdução à Ciência Política, disponibilizadas pelo Senado Federal.
>
> INTRODUÇÃO à ciência política 6-10. Disponível em: <https://www.youtube.com/watch?v=-dTEV3nqh2o>. Acesso em: 13 set. 2017.

(1.3) AS FUNÇÕES DOS PARTIDOS POLÍTICOS

Para encerrar este capítulo, temos como proposta tentar responder a uma questão formulada pelo cientista político John A. Aldrich, na obra *Why parties?* (1995):

> Para que servem, afinal, os partidos políticos?

Inicialmente, é válido ressaltar que o surgimento dos partidos políticos é uma resposta do sistema político a uma dupla demanda social: (1) a dos diferentes grupos e segmentos sociais que desejam maior participação social no processo decisório de políticas governamentais gerais, e não apenas de políticas locais ou particularistas; e (2) a demanda da sociedade pela quebra do monopólio dos burocratas e dos funcionários estatais como agentes decisores e ocupantes de cargos governamentais, a fim de controlar suas ações políticas. Nesse sentido, podemos definir algumas funções dos partidos políticos, as quais justificam sua existência, especialmente nas sociedades democráticas:

- **Função representativa ou expressiva:** Consiste em expressar ou estruturar de maneira organizada as demandas de determinados setores sociais e elites políticas, que buscam maior participação no processo decisório.
- **Função governativa ou de seleção e de recrutamento:** Consiste em servir de veículo para os vários segmentos das elites dirigentes ocuparem cargos de direção política ou de governo em determinada sociedade.
- **Função de direção ideológica ou de hegemonia na elaboração de políticas públicas (*policies*):** Consiste em endereçar um programa a determinada comunidade política a fim de persuadir a opinião pública e os atores com perspectivas divergentes a aceitar certos objetivos coletivos de gestão. Essa função foi tematizada de maneira sistemática pelo filósofo político **Antonio Gramsci** (1891-1937), que equiparou os partidos socialistas do início do século XX ao "moderno príncipe" maquiavélico, capaz de dar

certa unidade a uma coletividade fragmentada em lutas de interesses, embora sem incorrer na adesão à máxima maquiavélica, segundo a qual "os fins justificam os meios"[3].

O desempenho dessas funções nos permitem voltar ao tema da especificidade dos partidos políticos em relação a outras organizações, como sindicatos, movimentos sociais, associações de classe e até mesmo igrejas, que também buscam defender e representar interesses de determinados setores da sociedade. Assim, em sentido amplo, os *partidos políticos* podem ser entendidos como instituições mediadoras das estruturas da sociedade e do Estado, ou, em outros termos, entre governados e governantes (Sartori, 1982).

> Em sentido amplo, os *partidos políticos* podem ser entendidos como instituições mediadoras das estruturas da sociedade e do Estado, ou, em outros termos, entre governados e governantes.

Justamente para distinguir as funções dos partidos de outras associações que também buscam influenciar o poder político, alguns autores, como o politólogo italiano Umberto Cerroni (1982), definem *partidos* como uma organização política com base territorial difusa e programa articulado. Segundo o autor, "a característica diferencial disto que chamamos partido político nos aparece de imediato como aquele conjunto que podemos definir como uma máquina organizativa mais um programa político" (Cerroni, 1982, p. 13).

Para encerrar este capítulo introdutório, devemos atentar para o fato de que, embora haja uma multiplicidade de concepções e de abordagens sobre os partidos políticos, seu estudo pode ser subdividido em dois grandes ramos ou dimensões:

---

3 *Vários autores abordam a questão das funções dos partidos modernos. Para uma visão recente, consulte Panebianco (2005, p. 522-523).*

1. **Partidos políticos como organizações autônomas:** abrange a análise de suas características internas, sua origem, suas formas de organização, as características de seus membros e outros atributos organizacionais.
2. **Partidos políticos interagentes no sistema político mais amplo e nos vários níveis de governo:** diz respeito à análise dos sistemas partidários propriamente ditos.

Essas duas dimensões serão mais bem examinadas nos capítulos seguintes. Analisaremos com mais profundidade algumas das principais concepções sobre os partidos políticos na condição de organizações. Em seguida, trataremos dos conceitos e modelos teóricos para a análise dos sistemas partidários nas sociedades contemporâneas. Essa sequência é fundamental para compreendermos os sistemas partidários e sua dinâmica de funcionamento, bem como as relações entre partidos e cidadãos nos processos de representação política.

Por fim, ressaltamos que os partidos desempenham vários papéis nos sistemas políticos modernos, especialmente nos democráticos: organizam a competição eleitoral, estruturam o processo de governo, recrutam as elites dirigentes que ocuparão cargos estratégicos, agregam interesses e socializam novos agentes políticos. Assim, não é por acaso que, apesar de todas as críticas dirigidas a eles, os partidos sejam parte inseparável das paisagens das democracias modernas e que seu estudo seja de fundamental importância para a compreensão do funcionamento da política contemporânea.

Síntese

Neste capítulo, constatamos que os partidos políticos são um produto da história moderna, especialmente de uma demanda da sociedade por uma participação mais institucionalizada no processo decisório de elaboração de políticas públicas gerais. Analisamos as várias definições de *partido político*. Por fim, examinamos as funções dos partidos políticos modernos e apontamos alguns parâmetros de análise para uma compreensão mais abrangente dos partidos e dos sistemas partidários, que analisaremos nos próximos capítulos.

Questões para revisão

1. Assinale a alternativa que **não** constitui uma condição para a existência de um partido político, segundo Jean Charlot (1982):
   a) Organização duradoura e estável em que os membros possam se filiar voluntariamente.
   b) Vontade dos dirigentes de exercer ou influenciar o poder político por meio da ocupação de cargos governamentais.
   c) Organização legal reconhecida pelo Estado para disputar pleitos eleitorais e com representação no parlamento.
   d) Busca por apoio popular e conquista de adeptos pelo voto ou pela arregimentação de simpatizantes.

2. No tocante à gênese e às funções dos partidos políticos, assinale a alternativa correta:
   a) Os partidos são produtos da demanda por maior participação da sociedade no processo decisório estatal e no processo de formulação de políticas públicas globais.
   b) Só existem partidos políticos onde o Estado reconhece sua existência legal, algo legitimado mediante a existência de um tribunal eleitoral.

c) Os partidos surgiram na Grécia Antiga para organizar a participação dos cidadãos na Ágora ou Assembleia dos Homens Livres.

d) Os partidos políticos surgiram apenas em países democráticos, onde há eleições competitivas e limpas.

3. Para que os partidos se estabilizem e adquiram legitimidade e aceitação social em determinada sociedade, é necessário que seja difundida na sociedade a ideia de que:

   a) a democracia é um regime no qual não existe corrupção e todos os políticos são honestos.

   b) todos devem participar da política por meio do voto obrigatório.

   c) os partidos são representantes legítimos de interesses sociais e a defesa desses interesses não levará a sociedade à guerra ou à autodestruição.

   d) todos devem exercer o poder orientados apenas para o exercício do bem comum, sem defender interesses específicos ou particulares.

4. Explique, apresentando exemplos, a diferença entre a atuação de um partido político e a de um grupo de pressão.

5. Quais as funções dos partidos políticos? Por que eles são necessários em um regime democrático?

Questões para reflexão

1. Diante das várias definições de *partido político*, qual delas você acredita ser a mais adequada para retratar os partidos de maneira ampla? Por quê?

2. Com base nas definições apresentadas no Quadro 1.1, as seguintes organizações podem ser consideradas partidos políticos: "Centrão" (agrupamento pluripartidário formado na Constituinte de 1987-1988); Confederação Nacional da Indústria (CNI); União Democrática Ruralista (UDR); Movimento dos Trabalhadores Sem Terra (MST); Central Única dos Trabalhadores (CUT); Força Sindical; Movimento Passe Livre (MPL) e Movimento Brasil Livre (MBL)? Se possível, consulte as plataformas virtuais dessas organizações para verificar como elas se autodefinem.

Capítulo 2
Os partidos como organizações: das abordagens clássicas à tese do partido cartel

Conteúdos do capítulo:

- Contribuições de Robert Michels para a análise dos partidos políticos e a elaboração da Lei de Ferro da Oligarquia.
- Distinção proposta por Maurice Duverger entre partidos de quadros e de massas e algumas de suas implicações.
- Contribuições de Angelo Panebianco para o entendimento dos diferentes modelos organizativos de partidos políticos e o conceito de *partido profissional-eleitoral*.
- Significado de *partido cartel* e algumas de suas implicações para o entendimento dos partidos políticos modernos.

Após o estudo deste capítulo, você será capaz de:

1. identificar as ideias de Robert Michels;
2. reconstituir a tipologia de Maurice Duverger sobre os partidos e algumas de suas contribuições para o estudo dos sistemas partidários;
3. explicar o papel de Angelo Panebianco no estudo dos partidos políticos modernos.

Neste capítulo, reconstituiremos criticamente as principais teorias sobre os partidos políticos como organizações independentes, elaboradas por autores fundamentais da área: Michels, Duverger e Panebianco, apresentando brevemente as contribuições de cada um deles.

(2.1)
MICHELS E A LEI DE FERRO DA OLIGARQUIA

Uma das preocupações iniciais da literatura sobre partidos políticos foi entendê-los como organizações. Dada sua importância para o funcionamento da democracia e o fato de serem novidade no início do século XX, desde os primeiros trabalhos sobre o tema, a literatura procurou compreender como se organizavam os partidos internamente. Como as decisões eram tomadas em seu interior? Quem detinha o poder e como ele era exercido? Quais eram os efeitos da coexistência dessas organizações para o funcionamento amplo dos sistemas políticos, especialmente dos democráticos?

Questões desse gênero vêm sendo formuladas desde os primeiros trabalhos sobre o tema. Assim, neste capítulo, examinaremos como os principais autores que trataram do tema se dedicaram a dar respostas a essas indagações. Inicialmente, devemos mencionar as contribuições de **Robert Michels** (1876-1936), considerado pela maioria dos cientistas políticos como o pai fundador das abordagens modernas sobre os partidos políticos.

Michels foi um sociólogo político alemão radicado na Itália, cuja produção intelectual foi influenciada pelo também sociólogo **Max Weber** (1864-1920) e por alguns teóricos das elites, como **Gaetano Mosca** (1858-1941) e **Vilfredo Pareto** (1848-1923). Foi militante do movimento socialista até 1905 e, após desiludir-se com o

Partido Social Democrata alemão, vinculou-se ao Partido Fascista, liderado por **Benito Mussolini** (1883-1945) depois da Primeira Guerra Mundial. Esses fatores influenciaram sua reflexão sobre o tema, o que o levou a produzir sua principal obra, *Partidos políticos: um estudo sociológico sobre as tendências oligárquicas dos partidos modernos,* que apresenta uma análise da tendência inexorável dos partidos políticos à "oligarquização"[1]. Publicada originalmente em 1911, a obra foi considerada um dos primeiros livros sistemáticos sobre os partidos políticos, assim como o compêndio de **Moisei Ostrogorski** (1854-1921). Por ser menos extenso e de leitura mais fácil, sua popularidade e sua difusão foram bem maiores que o alentado tratado do autor russo, que ainda não foi traduzido para o português.

A publicação de Michels foi escrita em um contexto[2] em que os primeiros partidos socialistas, organizados no fim do século XIX e no início do século XX, começaram a conquistar grandes bancadas no parlamento e a ocupar postos ministeriais. O exame dessa obra, além de revelar seu interesse histórico, é importante porque contém várias ideias embrionárias sobre os partidos políticos que foram retomadas com mais profundidade por outros autores – como a indicação dos motivadores das mudanças organizacionais dos partidos à medida que estes crescem; a abordagem da tendência das lideranças políticas de se profissionalizarem e mudarem de *status* em decorrência da militância partidária; e a análise dos efeitos da ampliação do sufrágio sobre a vida interna do partido.

Michels (1972) usou o exemplo do Partido Social Democrata alemão para ilustrar sua tese de que mesmo organizações de inspiração

---

1 Nessa obra, Michels fundamenta-se no caso do Partido Socialista (denominado na época de Partido Social-Democrata), no qual atuou de maneira intensa em sua juventude.
2 Esse contexto é muito importante para a compreensão das ideias de Michels sobre o funcionamento dos partidos modernos.

explicitamente democrática tornam-se "oligárquicas" com o passar do tempo, ou seja, organizações nas quais o poder está concentrado nas mãos de uma pequena elite formada por membros irremovíveis que não são responsivos nem estão sob o controle dos demais integrantes da organização. A causa básica dessa oligarquização – e impossibilidade de democracia interna – era o aumento do tamanho das organizações, embora o autor não estabeleça com precisão nenhum patamar exato com base no qual os partidos tendessem a se transformar em oligarquias não democráticas.

As três principais contribuições de Michels (1972; 1982) para o entendimento dos partidos modernos são as seguintes:

1. Análise sistemática da organização interna dos partidos europeus do início do século, especialmente do Partido Social Democrata alemão, que agrupava a corrente socialista do movimento operário influenciada pelo marxismo.
2. Proposição da afamada Lei de Ferro da Oligarquia, motivo pelo qual o livro se tornou mais conhecido e tem influência duradoura até os dias de hoje.
3. Reflexão sobre o papel dos partidos políticos nas democracias modernas, tendo em vista que serviu de base para dar maior rigor ao conceito de democracia.

No que se refere ao primeiro aspecto, o trabalho de Michels (1972) traz à tona, de forma inédita, as complexas relações que se estabelecem entre as elites dirigentes e as massas nas organizações partidárias modernas, especialmente nos partidos socialistas do início do século XX, que foram seu objeto privilegiado de análise. A obra consiste em uma descrição minuciosa dos mecanismos organizacionais internos dos partidos do período, especialmente dos artifícios pelos quais os líderes ou chefes partidários manipulam as massas de filiados para se perpetuarem em seus cargos.

Em relação ao segundo aspecto, a tese central defendida pelo autor é a de que existe uma tendência inevitável à oligarquização de todos os partidos, ou seja, à estratificação de minorias politicamente ativas separadas da massa de filiados e dos eleitores, com objetivos políticos e organizacionais próprios e fora do controle destes. Como demonstrado por Renato Perissinotto (2012), ao propor a **Lei de Ferro da Oligarquia**, Michels (1972) estava fortemente influenciado pela chamada *teoria das elites*, fundada por Mosca e Pareto.

> O ponto de partida da análise de Michels (1972) é a impossibilidade técnica e organizacional dos grupos de se reunirem para deliberar diretamente, em larga escala, assuntos públicos em determinada comunidade política, o que gera a necessidade de representação e de organizações partidárias. O problema é que os quadros partidários (especialmente de líderes que ocupam os cargos mais importantes) começam a se profissionalizar quando as organizações se tornam mais complexas e passam a participar com regularidade dos processos eleitorais, transformando os líderes partidários em uma minoria de políticos profissionais com interesses próprios. É esse processo que o autor denomina de ***oligarquização***.

Quais seriam esses interesses próprios das oligarquias? Para Michels (1972), não seriam meros interesses materiais, como cargos remunerados ou empregos públicos. Na verdade, seriam as recompensas simbólicas propiciadas pelo exercício do poder nas organizações, especialmente o reconhecimento social dos líderes organizacionais pela massa e a submissão desta aos comandos daqueles.

De acordo com o cientista político, há ainda uma série de fatores de ordens técnica, psicológica e intelectual que conduzem a essa concentração de poder pelas oligarquias no seio das organizações partidárias. É importante notar que, em seu livro, Michels (1972) simplesmente superpõe esses fatores de naturezas distintas (oriundos da psicologia social e da sociologia das organizações), sem tentar hierarquizá-los e sem testar a compatibilidade teórica entre eles. Entre as condições que provocam a concentração do poder nas elites dirigentes partidárias, podemos destacar:

1. **Fatores de ordem técnica**: a concentração do saber nas cúpulas partidárias devido à profissionalização dos líderes partidários; a dificuldade de as massas deliberarem sobre todos os assuntos que dizem respeito à vida partidária; e a necessidade de rapidez de decisão, unidade de comando e disciplina do partido no processo de tomada de decisão.
2. **Fatores de ordem psicológica**: o apego dos líderes aos cargos que ocupam; a indiferença ou a apatia política das massas pelos assuntos políticos; a necessidade quase religiosa das massas de mitificar e reverenciar líderes – "a ordem política baseia-se, em grande medida, em ideias supersticiosas", afirma Michels (1972, p. 104, tradução nossa) com certo exagero; e a irracionalidade das massas de maneira geral. Segundo Michels (1982, p. 94), sendo apáticas, as massas não têm interesse na participação regular na definição dos destinos globais da organização a que pertencem: "Quase toda gente está privada da capacidade de compreender a relação entre as ações e reações entre esse organismo que chamamos o Estado e seus interesses privados, sua propriedade, sua vida". É daí que deriva a necessidade das massas de serem guiadas em suas ações por minorias politicamente ativas.
3. **Fatores de ordem intelectual**: maior grau de instrução dos líderes, que se acentua com a progressiva profissionalização dos partidos; e a incompetência técnica das massas, que Michels (1982) considera como o fundamento mais importante do domínio dos líderes na vida partidária.

É dentro desse contexto que o autor propõe a famosa **Lei de Ferro da Oligarquias**. Na sexta parte de seu livro, intitulada "As tendências oligárquicas da organização", apresenta detalhadamente a suposta lei e extrai algumas implicações para o estudo da vida partidária. Mas em que consiste a *Lei de Ferro da Oligarquia* e quais são suas principais consequências para o sistema político global? Para Michels (1982), à medida que as organizações partidárias se expandem e disputam sucessivas eleições, ganham postos governamentais, angariam adeptos etc., elas se tornam um fim em si mesmas para os líderes partidários, afastando-se cada vez mais do cidadão comum.

> *Ora, é uma lei social inelutável que qualquer órgão da coletividade, nascido da divisão do trabalho, cria para si, logo que estiver consolidado, um interesse especial, um interesse que existe dentro de si e para si. Mas interesses especiais não podem existir no seio do organismo coletivo sem estarem imediatamente em oposição com o interesse geral. Mais do que isso: camadas sociais desempenhando funções diferentes tendem a se isolar, a se outorgar órgãos aptos a defender seus interesses particulares e a se transformar finalmente em classes distintas.* (Michels, 1982, p. 234)

Em outra passagem, o autor enuncia, de forma ainda mais categórica, sua compreensão da Lei de Ferro da Oligarquia:

> *Reduzida à sua mais breve expressão, a lei sociológica fundamental que rege inelutavelmente os partidos políticos (dando à palavra "políticos" seu sentido mais abrangente) pode ser formulada assim: a organização é a fonte de onde nasce a dominação dos eleitos sobre os eleitores, dos mandatários sobre os mandantes, dos delegados sobre os que os delegam. Quem diz organização, diz oligarquia.* (Michels, 1982, p. 238)

Como é possível perceber, segundo Michels (1982), a operação da Lei de Ferro da Oligarquia nas organizações partidárias gera, portanto, a concentração e a centralização do poder nas mãos de chefes irremovíveis e estáveis, algo que se deve ao crescimento das organizações. Mesmo que essa estabilidade não seja assegurada "estatutariamente", ela ocorre, na prática, por meio do contínuo controle dos centros de decisão dos partidos pelos chefes. Segundo o autor, essa oligarquização equivale a uma ruptura dos laços de representação entre líderes e massas, que tendem a ter total autonomia de ação, embora procurem ocultar isso com racionalizações.

É importante notar que essa oligarquização dos partidos políticos tem uma série de implicações para a dinâmica de funcionamento do sistema político global, entre as quais Michels (1982) destaca: o surgimento de uma nova elite dominante (que monopoliza os cargos nos partidos de esquerda), que passa a ser incorporada às antigas elites; a possibilidade de essa oligarquização dos partidos políticos servir como fator de dinamização da democracia no sistema político global; a tendência de os partidos socialistas se tornarem cada vez mais conservadores e perderem suas características revolucionárias iniciais, passando a ser "cooptados" pelo sistema político, tornando impossível a revolução socialista e qualquer forma de transformação radical da sociedade.

> A operação da Lei de Ferro da Oligarquia nas organizações partidárias gera a concentração e a centralização do poder nas mãos de chefes irremovíveis e estáveis, algo que se deve ao crescimento das organizações.

Embora a Lei de Ferro da Oligarquia torne utópica, segundo Michels (1982), qualquer proposta de democratização das organizações partidárias, ela não impossibilita a democracia no sistema político amplo, tendo em vista que a existência de várias organizações oligárquicas competindo entre si pode contribuir para o aumento do pluralismo no sistema político. E aqui chegamos a um dos aspectos mais importantes da abordagem desse autor: a relação entre oligarquização e democracia.

(2.2)
DEMOCRACIA, ORGANIZAÇÃO E PARTIDOS POLÍTICOS NA OBRA DE MICHELS

Um tema frequentemente abordado na literatura política é a relação estabelecida por Michels entre a tendência à oligarquização dos partidos políticos e a democracia. Para entender melhor essa questão, é preciso levar em conta que não há uma definição unívoca de *democracia* na obra do autor, pois ele empregou o termo em diferentes acepções que correspondem a tradições teóricas distintas. Como demonstra John May (1965) em artigo clássico sobre o tema, as concepções sobre as relações entre democracia e oligarquia em Michels são muito mais complexas do que imaginam aqueles que tomam ao pé da letra e de maneira isolada algumas de suas formulações. Nesse sentido, May (1965) mostra que muitas das tendências associadas negativamente por Michels à operacionalização da Lei de Ferro da Oligarquia (como a profissionalização das organizações partidárias, o assalariamento dos funcionários dos partidos etc.), na verdade, estão associadas positivamente à vigência de regimes políticos democráticos.

As observações de May (1965) correspondem à experiência histórica do século XX, em que a crescente **institucionalização** e a **burocratização** dos partidos políticos foi simultânea à consolidação dos sistemas políticos democráticos pelo mundo, e não ao contrário, como às vezes é inferido em leitura anacrônica e descontextualizada da obra de Michels. Entretanto, apesar de algumas limitações da abordagem desse autor, diversos pontos de sua análise permanecem relevantes para o estudo dos partidos políticos, especialmente suas considerações acerca da tendência à burocratização das grandes máquinas partidárias e da dificuldade de instauração de uma autêntica democracia interna no interior dos partidos políticos.

A primeira concepção de democracia apontada por Michels (1972) é a **tocqueviliana**[3]. Nessa vertente, *democracia* é sinônimo de "isonomia jurídica" e "igualdade perante a lei", além de apresentar ruptura com os critérios aristocráticos de recrutamento e com a organização das instituições, em geral, e do aparelho do Estado, em particular. O cientista político aplica essa expressão quando detecta a existência de uma "tendência inexorável para a democratização" e também quando aduz a "partidos democráticos" – ou seja, trata-se de um princípio genérico de estruturação das instituições que postula a igualdade formal de todos perante a lei.

Outro sentido atribuído à *democracia* está associado ao igualitarismo socioeconômico e à operacionalização prática do princípio da soberania popular, algo que Michels (1972) denomina ***democracia absoluta***. Nessa vertente, detecta-se uma tendência à degeneração da democracia ou constata-se a existência de uma trajetória "parabólica" da democracia no interior das organizações – em síntese, é uma fase inicial de vigência do princípio democrático seguida de sua degradação.

A terceira concepção apontada por Michels é a democracia como **forma de governo**. Aqui, o autor também concebe a *democracia* como

---

3   Referência a Alexis de Tocqueville (1805-1859), *pensador político, historiador e escritor francês. Tocqueville produziu vários livros de teoria e de filosofia política, entre os quais está o clássico* A democracia na América, *lançado originalmente em 1835, no qual expressa a concepção de* democracia *apresentada aqui.*

um método de organização do processo de tomada de decisões pelo Estado que implique mecanismos formais de consulta à população, opondo-se, assim, às ditaduras e aos regimes autoritários.

Por fim, o autor utiliza a expressão **democracia relativa** para caracterizar os mecanismos de controle dos líderes nas organizações em geral ou nos sistemas de liderança, e não apenas no aparelho de Estado.

Com base nessas quatro definições, Michels (1972), tece várias relações possíveis entre o processo de democratização e as organizações partidárias nas sociedades modernas. Inicialmente, aponta que as organizações impedem a democracia ou são incompatíveis com ela. Para fundamentar essa afirmação, o autor aponta que, em qualquer atividade organizada, é normal ou "inevitável" haver distribuição desigual de poder e de influência entre os membros, o que aproxima o significados das expressões *oligarquia* e *hierarquia*. Essa acepção ampla, muito comum ao se definir *oligarquia*, é similar ao significado de *hierarquia*. Tal concepção, não raro aplicada por Michels e alguns de seus discípulos (geralmente elitistas), apresenta uma tendência a detectar a eliminação dos princípios democráticos em qualquer organização. Naturalmente, essa é uma visão irrealista da operação do princípio democrático, já que, de acordo com a maioria dos analistas do assunto, a vigência da democracia é compatível com a hierarquia organizacional, especialmente nos partidos políticos.

A organização pode destruir a democracia ou é o agente que a destrói. Essa formulação identifica-se com a famosa Lei de Bronze ou de Ferro da Oligarquia: "A democracia conduz à oligarquia e, necessariamente, contém um núcleo oligárquico. Quando as democracias atingem certo estágio de desenvolvimento, elas sofrem uma transformação gradual, adotando o espírito aristocrático e, em muitos casos, também as formas aristocráticas, contra as quais havia lutado tão ferozmente" (Michels, 1982, p.107). Ainda segundo o autor, "A oligarquia deriva da democracia. A organização é a fonte da qual as forças conservadoras fluem sobre a planície da democracia. A formação de oligarquias nas diversas formas de democracia é o resultado de necessidade orgânica" (Michels, 1982, p. 107).

A organização pode facilitar a **democratização relativa** de duas maneiras. Em primeiro lugar, por meio da **democracia externa**, em que "dentro de limites estreitos, o partido democrático (no sentido da finalidade ou interesse manifesto do partido), mesmo quando sujeito a controle oligárquico, pode indubitavelmente atuar sobre o Estado em um sentido democrático" (Michels, 1982, p. 110). Essa *democracia* refere-se à capacidade do Estado de atender às pressões das massas e incorporar novas elites no jogo político, o que produziria maior concorrência e pluralismo de elites no sistema político. Ademais, isso pode facilitar a democratização (estender os mecanismos de representação política e eletividade) por meio da **democratização interna**, embora esse aspecto não seja abordado explicitamente por esse autor. Tal possibilidade pode ser deduzida em sua obra devido ao apontamento das tendências e das mudanças antiautoritárias que acompanhavam a organização político-partidária do movimento socialista, ocorridas durante o desenvolvimento dos partidos socialistas na Europa Ocidental, como o abrandamento da ditadura formal, o aumento do pluralismo social e o pequeno-aburguesamento.

Em suma, no decorrer de sua análise, Michels (1972) aponta uma série de tendências que contribuem para a burocratização das organizações (formalização de procedimentos), o que permite maior controle e regulamentação (menor arbítrio) das atitudes de membros sobre os líderes organizacionais. Isso implica justamente o estabelecimento de uma correlação positiva entre sociedades organizadas e disciplinadas e condições favoráveis para o exercício da democracia no plano macrossocial, ao contrário do que ocorre nas organizações. Assim, nesse último sentido da expressão, a democracia pode ser aperfeiçoada pela interação e pela competição entre diferentes organizações oligárquicas, desde que não seja entendida no sentido rousseauniano de expressão da soberania popular.

Assim, Perissinotto (2012, p. 90) afirma, em seu estudo sobre a influência da teoria das elites,

> *Michels defende a democracia não como autogoverno das massas (já que seria impossível), mas como um sistema que permitiria aos governados defenderem seus interesses e controlarem as oligarquias. [...] Entendida dessa forma, a democracia não apenas é compatível com o processo de oligarquização, como o pressupõe para funcionar adequadamente.* (May, 1970)

Como é possível perceber, Michels (1972) faz um estudo minucioso das organizações partidárias, especialmente das relações entre as elites dirigentes dos partidos políticos e os cidadãos comuns. Além disso, ele postula uma tendência inexorável à concentração de prerrogativas decisórias, de recursos de poder e de privilégios nas cúpulas dirigentes dos partidos, extraindo algumas implicações gerais desse processo para analisar o funcionamento de sistemas políticos mais amplos.

É importante sinalizarmos uma diferença entre a abordagem de Michels e a de alguns de seus contemporâneos, mais especificamente **Max Weber** (1864-1920). Michels (1972)pontua que a ausência de democracia interna torna difícil e pode colocar em xeque ou relativizar a própria existência do sistema democrático no plano macropolítico. Weber (1997) afirma que uma liderança política responsável e politicamente controlada pelo parlamento não é apenas compatível, mas de fundamental importância para o funcionamento dos regimes políticos democráticos. Weber ainda defende com mais clareza do que Michels a tese de que a crescente burocratização dos partidos não é obstáculo ao desenvolvimento da democracia e dos

> regimes parlamentares, mas o contrário: apenas partidos políticos profissionalizados, que produzam lideranças parlamentares com efetivo treinamento especializado e um parlamento com real poder decisório, podem estabelecer controles sobre a burocracia estatal e os grandes grupos de interesse que tendem a dominar o processo decisório nas democracias modernas.

Uma limitação da análise de Michels (1972) é não aprofundar a questão das eventuais diferenças organizacionais entre os partidos nem examinar de maneira detalhada como eles se estruturam internamente. Seriam os vários partidos homogêneos do ponto de vista organizacional? Como eles se diferenciariam internamente? Quais seriam os efeitos dessas disparidades organizacionais entre os partidos no sistema político global e nos regimes políticos? O autor sequer chega a formular essas questões de maneira sistemática, as quais somente foram abordadas mais detidamente pelo cientista político francês **Maurice Duverger** (1917-2014).

(2.3)
A TIPOLOGIA DE DUVERGER:
PARTIDOS DE QUADROS E PARTIDOS DE MASSAS

Formado em Direito Público pela Universidade de Bordeaux, em 1942, Duverger foi um dos principais cientistas políticos do século passado, pois apresentou contribuições relevantes para vários ramos da ciência política. Como intelectual público, envolveu-se em constantes polêmicas sobre a organização do sistema constitucional e político francês após a Segunda Guerra Mundial. Além de *Os partidos políticos* (publicado originalmente em 1951), suas principais obras são *Instituições políticas e direito constitucional*; *Política: teoria e método*; *Os regimes políticos*; *As modernas tecnodemocracias*; *Os laranjais do Lago Balaton*; *Sociologia política*; e *O regime semipresidencialista*.

Suas contribuições para a análise política abrangem um vasto campo, como o estudo dos regimes políticos e dos sistemas de governo (destaca-se o exame do sistema semipresidencial francês), a redação de manuais introdutórios de ciência política e a comparação das instituições. No entanto, há certo consenso entre os especialistas em considerar *Os partidos políticos* como sua obra magna; nela se encontra a base de suas contribuições para a análise política, das quais podemos citar: uma visão mais sofisticada da organização interna dos partidos políticos, que, além de mencionar apenas atores como líderes (elites) e massas, abrange uma série de outros personagens com influência distinta no interior das organizações partidárias; a elaboração de uma tipologia dos partidos políticos segundo características organizacionais, que teria posteriormente grande influência na ciência política; a proposição das famosas **Leis de Duverger**, que relacionam sistemas eleitorais e sistemas partidários; e uma análise dos diferentes sistemas partidários, em que suas características são associadas ao desempenho dos vários regimes políticos.

Assim, podemos considerar que Duverger é o primeiro autor a integrar, em um esquema analítico razoavelmente abrangente, as dimensões do funcionamento do processo de representação política (sistemas eleitorais, sistemas partidários e regimes políticos), relacionando-os às características organizacionais dos partidos. Isso permitiu a Duverger, pela primeira vez na ciência política, produzir uma visão sistêmica do funcionamento dos partidos políticos – que ainda hoje é estimulante para o entendimento de suas dimensões, assim como de seu papel no funcionamento do sistema político amplo. Observe o raciocínio do autor esquematizado na Figura 2.1.

Figura 2.1 – Resumo do modelo analítico de Duverger

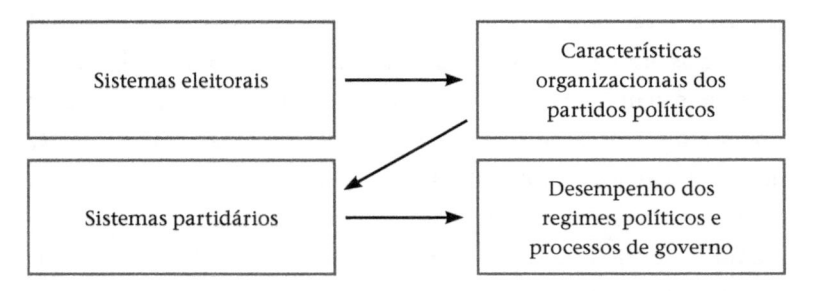

```
┌─────────────────────┐      ┌─────────────────────┐
│                     │      │    Características  │
│  Sistemas eleitorais│ ────▶│   organizacionais dos│
│                     │      │    partidos políticos│
└─────────────────────┘      └─────────────────────┘
           ↘
┌─────────────────────┐      ┌─────────────────────┐
│                     │      │    Desempenho dos   │
│ Sistemas partidários│ ────▶│  regimes políticos e│
│                     │      │  processos de governo│
└─────────────────────┘      └─────────────────────┘
```

A obra *Os partidos políticos* é constituída de duas grandes partes: a primeira, intitulada "A estrutura dos partidos", aborda problemas relacionados aos partidos na condição de organizações, como a estrutura organizacional, os diferentes membros e o comportamento das direções partidárias nos vários tipos de partidos. A segunda parte apresenta questões sobre os sistemas partidários, como os determinantes do número de partidos e sua relação com os sistemas eleitorais, as coligações e as alianças, bem como a influência do número e das características organizacionais dos partidos no desempenho dos diferentes regimes políticos.[4]

Para entendermos melhor as reflexões do autor sobre os partidos, é importante situarmos sua obra historicamente. Duverger escreveu em um contexto diferente do de Michels, que viveu em uma época incerta quanto à possibilidade de o sufrágio universal conduzir à emergência de regimes políticos democráticos e de grande desconfiança em relação aos efeitos da emergência das democracias

---

4 *Retomaremos alguns pontos relacionados a essa obra de Duverger, mas, neste capítulo, nos concentraremos na análise que o autor faz dos partidos como organizações, especialmente em relação à sua diferenciação entre partidos de quadros e de massas, a qual teve grande influência na literatura posterior.*

de massas. Com efeito, no período do pós-Segunda Guerra Mundial, já era evidente para a maioria dos observadores que o sufrágio universal e as grandes máquinas partidárias oriundas da ampliação do sufrágio seriam não só compatíveis com a democracia, mas também poderiam servir para dinamizar e institucionalizar as instituições democráticas, especialmente os parlamentos e os órgãos legislativos.

Longe de serem incompatíveis com a democracia de massas, os partidos políticos contribuíram para sua ampliação e sua consolidação, uma vez que agregavam uma **nova dimensão** a seu funcionamento. Ao permitir a incorporação de novos extratos sociais, especialmente das classes trabalhadoras e médias, e de novas elites dirigentes vinculadas à democracia no jogo político, essa dimensão se tornou uma representação política mais "autêntica" do eleitorado – contrapondo-se às elites de notáveis que controlavam as máquinas partidárias tradicionais da virada do século XIX para o século XX (Peres, 2009). Essa maior democratização do sistema político foi possibilitada justamente pela presença de um partido de massa na cena política, uma das precondições para a consolidação de um regime autenticamente democrático, segundo Duverger (1970). Ainda de acordo com o autor, Michels, no afã de enfatizar a operação da Lei de Ferro da Oligarquia, produziu uma visão simplificada dos partidos, incapaz de detectar suas diferenças organizacionais, bem como de refletir sobre o papel estratégico das organizações partidárias para o funcionamento das democracias parlamentares modernas.

Para Duverger (1970), embora Michels estivesse correto ao apontar uma tendência à concentração de poder nas mãos dos dirigentes partidários, a insistência em associar esse fenômeno a uma suposta lei sociológica irreversível, que separava as elites partidárias de outros grupos sociais, não o permitia atentar para uma série de fenômenos que afetava a vida das organizações partidárias.

São exemplos desses fenômenos as diversas possibilidades de interação entre os tipos de atores partidários nos diferentes modelos de organização partidária; os impactos ou efeitos democratizantes da existência de partidos políticos, visto que estes promovem a ascensão de uma nova elite popular no parlamento e nos órgãos governamentais, tornando mais orgânica a representação dos grupos sociais; e a estrita compatibilidade entre os partidos e os regimes políticos democráticos, pois a interação competitiva dá lugar a sistemas partidários que dinamizam os órgãos parlamentares e democratizam o processo decisório no sistema político global.

De acordo com Duverger (1970), os *partidos políticos* são organizações que podem ter vários objetivos e fins, geralmente expostos tanto em seu **programa manifesto**, que é o documento apresentado à opinião pública e às autoridades eleitorais, quanto em seu **programa latente**, constituído pelos objetivos estratégicos dos dirigentes das organizações partidárias. Para perseguir esses objetivos, os partidos precisam construir uma estrutura organizacional e combinar recursos materiais e humanos de natureza distinta, devendo elaborar regras de funcionamento, recrutar adeptos, persuadir simpatizantes e criar uma estrutura de recrutamento e de financiamento para atuar com eficácia em seu ambiente.

2.3.1 A estrutura organizacional dos partidos e as características de seus membros

O relacionamento geral dos cidadãos com os partidos da sociedade pode ocorrer em vários níveis, em ordem de vinculação crescente com esta estrutura: eleitores, simpatizantes, aderentes ou membros, militantes ou ativistas, funcionários e dirigentes. Duverger (1970) denomina de *estrutura dos partidos políticos* a articulação desses diversos elementos da estrutura partidária que se relacionam entre si em círculos concêntricos. Como em toda organização complexa, os atores que a constituem desempenham funções diferentes e as características de cada organização são formatadas com base em seus elementos constituintes e em sua natureza específica. Assim, por exemplo, partidos políticos que querem derrubar o sistema de forma violenta, como fascistas e comunistas, tendem a ter um arcabouço organizacional específico; partidos que almejam chegar ao poder mobilizando as massas para eleições possivelmente tenham outro tipo de estrutura organizacional (Carvalho et al., 2011).

Embora não se proponha explicitamente a confirmar ou refutar as análises anteriores de Michels, Duverger (1970) contribuiu indiretamente para relativizar e problematizar a imagem da organização partidária descrita por ele. Assim, por apresentar uma visão contrária à das organizações formadas basicamente por dois atores políticos relevantes (os chefes e as massas) e com uma dinâmica interna fundada na competição entre os chefes pelos cargos partidários, a imagem da organização partidária que emerge da obra de Duverger (1970) é bem mais complexa do que aquela existente no livro clássico de Michels (1972).

Inicialmente, Duverger (1970) elabora uma classificação dos membros dos partidos e de sua esfera de influência, estruturada hierarquicamente, expondo as relações complexas que esses membros mantêm entre si.

A primeira categoria relevante que compõe as organizações partidárias são os **dirigentes partidários**, que, via de regra, integram as comissões executivas dos partidos políticos tanto no nível federal quanto no âmbito local. Esses dirigentes, em geral, são militantes partidários mais ativos, que controlam recursos importantes (internos e externos) para a organização partidária. Os dirigentes podem ser formalmente eleitos pelos membros e filiados do partido, embora usualmente possa predominar algum sistema de cooptação.

A segunda categoria de atores relevantes são os **militantes** ou **ativistas**, que, em geral, constituem, ao lado dos dirigentes, o "núcleo duro" das organizações partidárias, que participam ou atuam em vários momentos, e não apenas nos períodos eleitorais. São aqueles membros mais comprometidos e identificados com a organização, que fazem o papel de mediação entre as diretrizes emanadas dos dirigentes e o cidadão comum.

A terceira categoria é formada pelos **adeptos**, que ocupam uma posição de intermediários entre os militantes mais ativos e os meros filiados. Os adeptos têm uma participação relevante na vida partidária, frequentando e participando das atividades do partido, porém, sem o grau de envolvimento dos militantes.

A quarta categoria é composta pelos **filiados**, que são formalmente membros do partido, mas não têm necessariamente um envolvimento ativo com a organização. Essa filiação pode ser individual ou em grupo – como na Inglaterra, quando os sindicatos se filiavam coletivamente aos partidos. O Tribunal Superior Eleitoral (TSE) disponibiliza informações sobre o número e o nome dos filiados a todos os partidos brasileiros (Brasil, 2017b).

Gráfico 2.1 – Número de filiados aos 35 partidos políticos brasileiros com registro no TSE (dezembro de 2016)

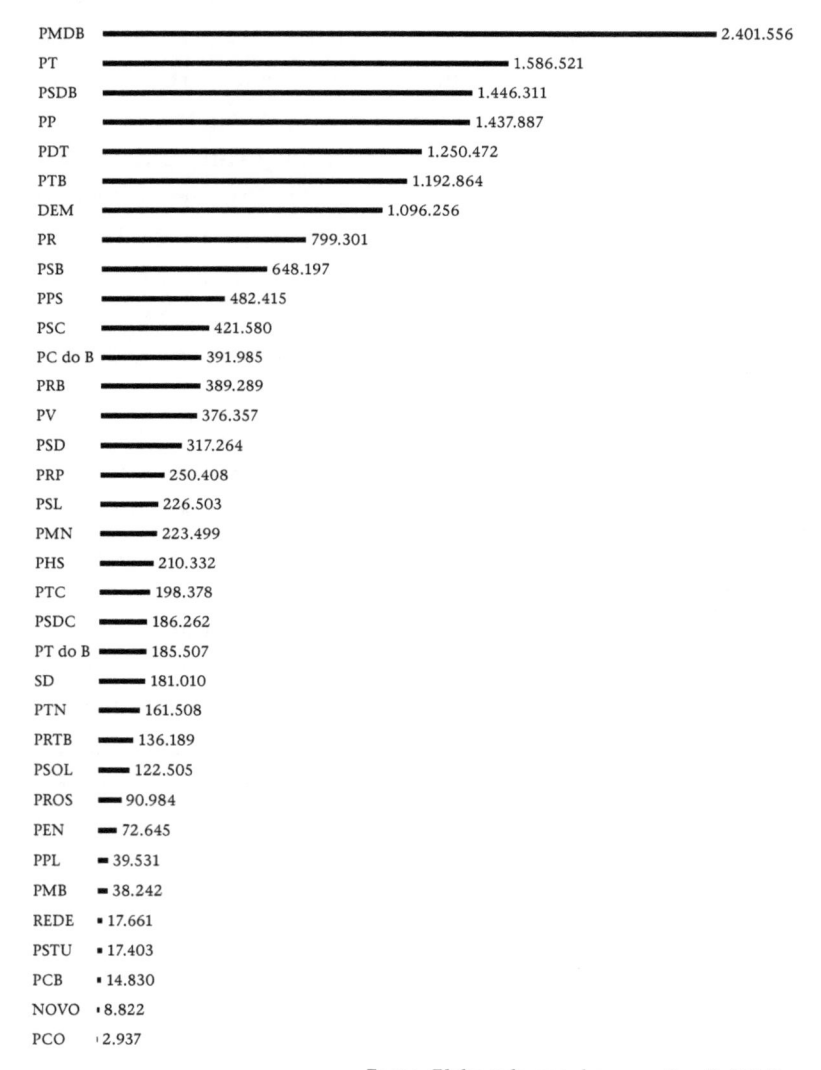

Partido	Filiados
PMDB	2.401.556
PT	1.586.521
PSDB	1.446.311
PP	1.437.887
PDT	1.250.472
PTB	1.192.864
DEM	1.096.256
PR	799.301
PSB	648.197
PPS	482.415
PSC	421.580
PC do B	391.985
PRB	389.289
PV	376.357
PSD	317.264
PRP	250.408
PSL	226.503
PMN	223.499
PHS	210.332
PTC	198.378
PSDC	186.262
PT do B	185.507
SD	181.010
PTN	161.508
PRTB	136.189
PSOL	122.505
PROS	90.984
PEN	72.645
PPL	39.531
PMB	38.242
REDE	17.661
PSTU	17.403
PCB	14.830
NOVO	8.822
PCO	2.937

Fonte: Elaborado com base em Brasil, 2017b.

A quinta categoria refere-se aos **simpatizantes**, que apoiam as atividades do partido, contribuem financeiramente ou votam na legenda, mas não são formalmente filiados à organização. Esse tipo de ator tem uma importância decisiva para a vida dos partidos e, muitas vezes, é fundamental para sua sobrevivência. É o caso, por exemplo, de alguns partidos de esquerda que sobreviveram e atuaram na oposição durante períodos ditatoriais ou autoritários, em que a formação de uma rede de simpatizantes foi fundamental para a continuidade de sua atuação política durante períodos ditatoriais ou autoritários. Também na formação das equipes governamentais, os partidos recorrem frequentemente aos simpatizantes quando chegam ao poder ou ganham eleições, pois estes estão sob sua órbita de influência e têm afinidade ideológica com o partido, não raro colaborando com as atividades partidárias até mesmo financeiramente.

Por fim, a sexta categoria abrange os **eleitores** dos partidos, cujos vínculos com as organizações partidárias limitam-se a depositar o voto no candidato apoiado pelo partido, sem que se estabeleça qualquer relação mais sólida entre eleitor e organização partidária. Esse eleitor não participa de reuniões nem de deliberações, apenas deposita seu voto influenciado pelas ideias do partido e pela propaganda eleitoral.

Essa hierarquia dos diferentes vínculos dos cidadãos com o partido pode ser formalizada pela imagem dos círculos concêntricos (Figura 2.2).

Figura 2.2 – Tipos de vínculos dos indivíduos com os partidos, segundo Duverger (1970)

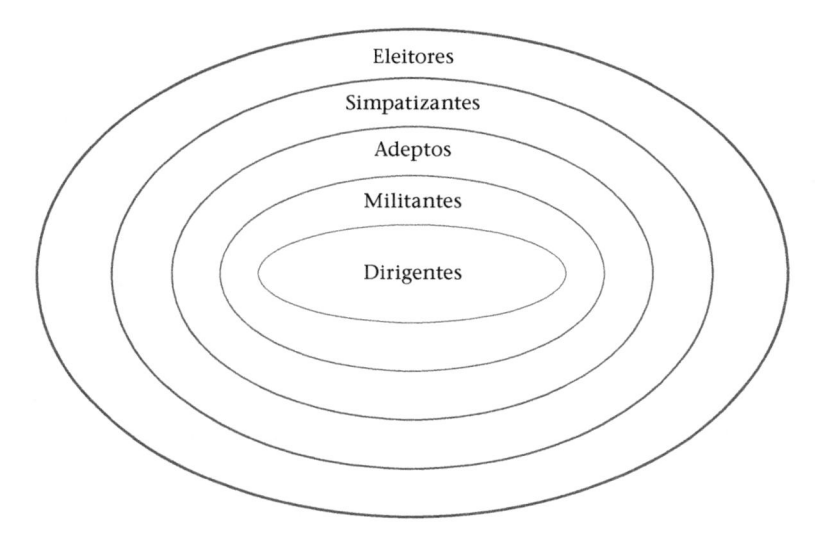

```
            Eleitores
          Simpatizantes
            Adeptos
            Militantes
            Dirigentes
```

É válido ressaltar que Duverger (1970) não nega que, em geral, o poder tende a se concentrar nas mãos dos dirigentes partidários. Entretanto, essa estrutura hierárquica geral oculta amplas possibilidades organizativas, que podem variar desde organizações rigidamente autocráticas, como partidos fascistas e comunistas, até formas mais flexíveis de organização, como os modernos partidos social-democratas. Assim, é possível perceber que a imagem de organização partidária construída por Duverger (1970) é bem mais complexa do que aquela elaborada por Michels (1972), mais preocupado em caracterizar a tendência dos chefes partidários a se separarem das massas e a natureza inexorável da Lei de Ferro da Oligarquia.

De acordo com Duverger (1970), qualquer governo, independentemente de sua organização partidária, será oligárquico. Dessa maneira, conforme aponta Peres (2009, p. 9), "O problema não residiria, portanto, nos partidos ou em sua estrutura organizacional, mas sim na concepção de democracia predominante naquele momento". Isso porque, segundo o próprio Duverger (citado por Peres, 2009, p. 9):

> Nós vivemos com uma noção irreal de democracia, forjada pelos juristas na esteira dos filósofos do século XVIII. 'Governo do povo para o povo', 'governo da nação por seus representantes': belas fórmulas, eficazes para promover o entusiasmo e para facilitar o desenvolvimento da oratória. Belas fórmulas que não significam nada. Nunca se viu um povo governar assim mesmo, e jamais se verá. Todo governo é oligárquico, o que pressupõe a dominação de poucos sobre muitos [...]. A verdadeira democracia é outra coisa: ela é mais humilde, porém, mais real.

Para Duverger (1970), assim como para outros autores modernos, longe de ser uma maneira de governo na qual o povo é soberano e exerce diretamente o poder, as modernas democracias se valem de instituições intermediárias, em que a população ou o eleitorado delegam para terceiros o exercício direto do poder e da influência política. Partidos políticos, sistemas eleitorais, parlamentos e órgãos executivos têm maior destaque nesse cenário – daí a importância fundamental do estudo sistemático das agremiações partidárias para uma compreensão mais adequada das democracias contemporâneas.

Para saber mais

Para obter um balanço da literatura sobre os aspectos organizacionais dos partidos políticos, é indispensável a leitura do artigo *O que sabemos sobre a organização dos partidos políticos: uma avaliação de 100 anos de literatura*, do professor Osvaldo Amaral.

> AMARAL, O. O que sabemos sobre a organização dos partidos políticos: uma avaliação de 100 anos de literatura. **Revista Debates**, Porto Alegre, v. 7, n. 2, p. 11-32, maio-ago. 2013. Disponível em: (<http://seer.ufrgs.br/index.php/debates/article/view/38429/26636>). Acesso em: 20 set. 2017.

2.3.2 Os partidos de quadros e os partidos de massas

Uma contribuição importante e pioneira de Duverger (1970) foi a tentativa de elaborar uma tipologia dos partidos políticos com base em três grandes **critérios** que buscam mapear suas características para diferenciar essas organizações: (1) arcabouço dos partidos (suporte ou base de apoio); (2) participação ou relação com os integrantes; e (3) direção ou características dos dirigentes. Dessa forma, o autor define dois grandes **tipos ideais de partidos**[5]: (1) de quadros (ou de notáveis) e (2) de massas. Esses últimos, por sua vez, se subdividem em três, conforme a intensidade com que apresentam as diferentes características: (1) eleitoral ou social-democratas; (2) comunistas e que aplicam o centralismo democrático; e (3) autoritários ou fascistas (Quadro 2.1).

---

5 Tipos ideais *ou* tipos puros *são um artifício metodológico criado por Weber (1997) a fim de caracterizar o procedimento metodológico de criar construtos analíticos para apreender o real com base na tábua de valores e dos objetivos de investigação dos analistas, sem que esses tipos puros correspondam integralmente aos objetos reais encontrados na realidade.*

Quadro 2.1 – Tipologia dos partidos políticos segundo Duverger

	Tipo de partido / Critérios	Partidos de quadros (notáveis)	Partidos de massa socialistas (especializados)	Partidos de massa comunistas	Partidos de massa fascistas
ARCABOUÇO	Origem	Parlamentar	Externa ao parlamento	Externa ao parlamento	Externa ao parlamento
	Elemento de base	Comitê	Seção	Célula	Milícia
	Articulação e disciplina	Fraca	Fraca	Forte	Forte
	Centralização	Descentralização	Descentralização relativa	Centralismo democrático	Centralismo autoritário
	Funções	Eleitoral e parlamentar; conquista de eleitores; pressão sobre os eleitos.	Eleitoral e parlamentar; educação política; formação de novas elites.	Agitação; propaganda; enquadramento; ação clandestina – se preciso.	Oposição pela força à conquista do poder pelas massas populares.
MEMBROS	Base social	Grandes ou pequenos proprietários	Trabalhadores assalariados	Classe operária	Classes médias e pequena burguesia
	Atividade	Sazonal (eleições)	Regular	Permanente	Permanente
	Natureza	Especializada	Especializada	Totalitária	Totalitária
DIREÇÃO	Escolha dos dirigentes	Relativa autocracia (disfarçada)	Relativa autocracia (disfarçada)	Forte autocracia (disfarçada)	Autocracia explícita
	Oligarquização	Oligarquias personalizadas	Oligarquias democráticas	Oligarquias disciplinadas	Oligarquias disciplinadas
	Poder dos parlamentares	Dominante	Equilibrado	Subordinado	Subordinado

Fonte: Elaborado com base em Charlot, 1982.

Combinando vários critérios, como suporte, participação e direção, Duverger (1970) define diversas categorias de partidos de acordo com o grau de intensidade de cada uma de suas características típicas. Os primeiros grandes tipos de partidos (de quadros) foram os partidos de notáveis, formados no fim do século XIX[6]. Em geral, de origem parlamentar, derivam da complexificação de antigos grupamentos parlamentares previamente existentes. Por exemplo, seus elementos de base são os comitês ou diretórios municipais, que funcionam principalmente em períodos eleitorais; sua base social é formada por grandes e médios empresários; sua disciplina interna é fraca; a escolha dos dirigentes é pouco democrática; e assim sucessivamente. Os partidos de notáveis ou conservadores se opõem ou competem pelo poder com várias categorias de partidos de massas, tais como os socialistas ou social-democratas, os comunistas alinhados com o antigo leste europeu e os fascistas, que procuravam mobilizar e organizar politicamente a pequena-burguesia e a classe média autoritária que estavam em processo de decadência socioeconômica.

É importante destacar que, para Duverger (1970), o partido de massa não se define apenas pelo número de filiados, mas também por suas características organizacionais, especialmente no que diz respeito à organização e à arregimentação de seus membros durante períodos não eleitorais. Duverger (1970) identifica três grandes tipos de partidos de massas:

1. **Partidos de massas especializados**: são basicamente social-democratas, socialistas ou trabalhistas. Lutam por reformas específicas no sistema social, sem ambição de transformá-lo em sua totalidade. Esse tipo de partido foi bem-sucedido do ponto de

---

[6] *No século XX, esses partidos continuaram a existir como partidos conservadores e liberais.*

vista eleitoral e se incorporou ao jogo parlamentar durante o século XX.

2. **Partidos de massa comunistas:** são agremiações que adotam estruturas hierárquicas mais rígidas, baseadas em células, nos locais de trabalhos e moradia, com ambição de transformação social ampla. Esses partidos não priorizam apenas o jogo eleitoral e têm sua base social na classe trabalhadora tradicional e sindicalizada.

3. **Partidos fascistas:** têm em comum com os partidos comunistas o fato de terem origem exterior ao parlamento, mesmo apresentando vários elementos específicos, a exemplo das milícias treinadas como elementos de base, da ideologia de cunho autoritário e elitista e da base social formada pela pequena-burguesia e pelas classes médias.

Esse esquema analítico permitiu a Duverger (1970) mapear as diferenças organizacionais entre os principais partidos políticos de seu tempo. É importante frisar que esse esquema analítico refere-se aos tipos ideais. Os diferentes partidos realmente existentes podem não apresentar essas características em estado puro e com o mesmo grau de intensidade. Entretanto, essa classificação pode servir como ponto de partida para apreender as diferenças organizativas entre os vários tipos de partidos e extrair algumas implicações para o funcionamento dos sistemas partidários e dos regimes políticos.

Ressaltamos que Duverger escreveu o livro em meados do século passado, antes de testemunhar a existência de dois fenômenos importantes ocorridos a partir de então. O primeiro foi a participação cada vez mais frequente de diferentes tipos de partidos políticos no jogo eleitoral, até mesmo dos partidos "antissistema", que anteriormente não participavam legalmente de eleições, como os partidos comunistas europeus. Para muitos autores, esse processo, que ocorreu na segunda metade do século XX na maioria dos países, provocou uma série de mudanças organizacionais nos partidos políticos, transformando-os em partidos *catch-all* envolvidos em uma luta contínua pela captura do eleitor mediano por meio de técnicas de persuasão política. O segundo decorreu da vitória dos partidos de esquerda nas eleições, especialmente social-democratas, e da subsequente ocupação de cargos governamentais no aparelho de Estado. Na opinião de vários autores, isso levou a uma crescente burocratização dos partidos e a uma série de restrições à competição política, o que originou os partidos cartéis, mais interessados em restringir a competição política e capturar recursos do Estado do que em mobilizar o eleitorado e criar formas de participação política para o cidadão comum.

A publicação da obra de Duverger deu origem a um amplo debate que ainda não se encerrou. Em relação à sua teoria sobre a organização dos partidos, a principal crítica é a falta de atualidade e insuficiência de diferenciação básica entre partidos de notáveis e partidos de massas. Para teóricos como Panebianco (2005) e Mair (1997), essa separação rígida está datada e não resiste ao tempo. O motivo central dessa insuficiência é a crescente incorporação dos partidos à arena eleitoral, algo que os torna cada vez mais parecidos entre si, do ponto de vista organizacional e programático, ao serem adotadas estratégias eleitorais semelhantes para captar o eleitor mediano.

Sob o aspecto **programático**, a principal consequência dessa participação é a transformação dos partidos em partidos *catch-all*, que adotam discursos e estratégias de *marketing* cada vez mais parecidos para captar o eleitor comum.

Sob a perspectiva **organizacional**, a mudança mais notável foi a burocratização e a profissionalização dos partidos políticos, com a consequente queda de importância da figura do militante tradicional, que se mobilizava permanentemente, mesmo em períodos não eleitorais. Assim, os partidos passaram a contar com um grande corpo de funcionários permanentes, que manipulavam recursos públicos e de doadores empresariais e se mobilizavam particularmente nos períodos eleitorais. Essas ações tornaram esses partidos burocrático-eleitorais, sem interesse em mobilizar permanentemente o eleitor.

Além das críticas mencionadas, as contribuições de Duverger receberam diversas outras críticas. Entretanto, muitos autores ainda defendem a atualidade de seus estudos, julgando a leitura de sua obra indispensável e considerando-a o ponto de partida de qualquer reflexão sobre os partidos na ciência política moderna (Peres, 2009). Apesar do caráter datado e limitado de algumas análises, Duverger criou uma estrutura teórica para analisar as organizações partidárias e suas implicações sistêmicas para a democracia, que ainda hoje é válida em muitos aspectos.

(2.4)
MODELOS DE PARTIDO:
AS CONTRIBUIÇÕES DE PANEBIANCO PARA A ANÁLISE DOS PARTIDOS MODERNOS

Após a publicação do trabalho de Duverger, vários fatores históricos provocaram uma revisão em seu esquema de análise dos partidos políticos. Entre as investigações mais significativas, destacam-se os trabalhos de Anthony Downs (1955), Otto Kirchheimer (2012) e Panebianco (2005).

O primeiro a abordar de maneira mais sistemática essas mudanças foi Kirchheimer, que formulou o conceito de *partido catch-all* (pega-tudo). Suas contribuições foram posteriormente retomadas e desenvolvidas com mais profundidade por Panebianco. Para Kirchheimer (2012), os altos índices de desenvolvimento econômico e social observados nos países capitalistas avançados, a partir dos anos 1960, provocaram uma diminuição das polarizações social e política existentes, reduzindo a importância das clivagens ideológicas e de classe para a definição das estratégias partidárias.

Essas alterações objetivas nas relações sociais se articularam a uma mudança nos meios de comunicação política, especialmente com o uso da televisão, que colocou nas mãos dos líderes partidários novos recursos de *marketing* eleitoral. Kirchheimer (2012) alertou que isso provocaria uma série de transformações na estrutura organizacional dos partidos políticos, entre as quais a perda de radicalidade do discurso dos líderes partidários e de sua ideologia, que os torna cada vez mais moderados e orientados para o centro político; o declínio da importância das bases partidárias e a personalização das lideranças; a perda da influência dessas bases e da militância voluntária nas decisões internas dos partidos; a ampliação do apelo eleitoral para fora do grupo ou da base social de origem; e a abertura dos partidos para grupos de interesses variados, e não apenas para aqueles que os originaram.

Foi somente a partir dos anos 1980 que as transformações examinadas de forma pioneira por Kirchheimer receberam um tratamento analítico mais completo e sofisticado, com a publicação, em 1988, do importante trabalho *Modelos de partido: organização e poder nos partidos políticos*, de Panebianco. Nessa obra, o autor não se limita a desenvolver e aprofundar os estudos de seus antecessores por meio da sugestão de formação de dois grandes modelos de partido (os burocráticos de massa e os profissionais-eleitorais), que substituiriam os antigos partidos de quadros e de massas, ele também elabora um amplo modelo teórico para analisar a estrutura e a dinâmica dos partidos como organizações, aplicando esse modelo na análise dos principais partidos europeus. Por sua importância e influência, reconstituiremos brevemente as contribuições de Panebianco para a análise dos partidos modernos.

Panebianco é considerado por muitos especialistas como o autor de um dos mais sistemáticos e completos trabalhos sobre a organização e a estrutura de poder dos partidos políticos. Seu livro pode ser visto como uma retomada crítica dos grandes problemas abordados por Michels, Duverger e outros predecessores sobre o papel dos partidos como organizações. Para Panebianco (2005), no entanto, ao contrário de Michels, não há uma relação de assimetria absoluta entre os simples militantes e os dirigentes partidários ou as oligarquias. Ao contrário, há uma relação de troca entre ambos, embora desigual, e os dirigentes têm de levar em conta os interesses e os objetivos políticos dos liderados ao empreenderem suas ações. Assim, em vez de uma Lei de Ferro da Oligarquia – que pressuporia uma separação absoluta entre dirigentes e dirigidos e uma relação de soma zero[7] entre eles –, o que existe é uma **relação de troca desigual**, na qual os dirigentes partidários recebem mais recompensas e benefícios do exercício do poder do que os militantes, embora estes também obtenham ganhos em sua militância partidária. Para o autor, pode haver maior ou menor concentração de poder no seio das organizações partidárias, conforme o maior ou o menor controle das **zonas de incerteza** e de troca que estruturam as relações de poder e de influência entre dirigentes e militantes.

O ponto de partida de Panebianco é o mesmo de Michels e Duverger, que criticam seus predecessores imediatos por terem

---

7 Em teoria dos jogos e em teoria econômica, um jogo de soma zero se refere àqueles em que o ganho de um jogador representa necessariamente a perda para o outro jogador.

subestimado a concepção dos partidos como organizações, centrando-se em outros aspectos, como os sistemas partidários, os programas dos partidos ou as características sociológicas distintas de seus membros. Entretanto, a base teórica de Panebianco é bem mais sofisticada que a de seus predecessores, pois adota amplo diálogo com a sociologia das organizações, o que permite que sua análise seja mais bem fundamentada.

Contudo, Panebianco (2005) não critica Michels por observar o fenômeno da razoável estabilidade dos dirigentes nos cargos de cúpula das organizações partidárias, mas a afirmação de que isso, necessariamente, formaria oligarquias inteiramente desvinculadas das massas partidárias e com objetivos próprios, estranhos a elas. Para Panebianco (2005), caso os dirigentes partidários pusessem em xeque os interesses das massas partidárias, não os levando em consideração ao estabelecer seus objetivos políticos, colocariam em risco a própria manutenção de seus cargos. Esse risco seria ainda mais acentuado nas organizações partidárias que adotam regras democráticas de decisão, o que aumentaria a influência das massas sobre a ação dos líderes partidários.

Panebianco (2005) começa sua análise criticando os preconceitos sociológicos e teleológicos que obstaculizam a análise dos partidos políticos. Por *preconceito sociológico* o autor entende a consideração das atividades dos partidos apenas como o produto das demandas de determinados grupos ou classes sociais, sendo os partidos nada mais do que a expressão, no plano político, de interesses de atores externos à própria organização. Por *preconceito teleológico* o autor compreende as concepções que definem os partidos apenas por seus objetivos finais, sem considerar a natureza errática e dinâmica da busca de tais objetivos. Um exemplo das concepções teleológicas, segundo o autor, é a afirmação de Downs (1999, p. 8) de que

"Os partidos perseguem políticas para ganhar as eleições mais do que tentam vencer as eleições para perseguir políticas". Para Panebianco, essa definição não permite entender os casos em que os partidos políticos adotam previsivelmente uma série de ações destinadas a penalizá-los, ou que não trazem ganhos eleitorais imediatos nem visam necessariamente persuadir o eleitor mediano, mas a marcar posição ideológica. É o caso de partidos, por exemplo, que buscam chegar ao poder por outras vias que não a mera vitória eleitoral, ou que utilizam as eleições como um meio para fortalecer as organizações em outras esferas da vida social e fazer propaganda de seu programa.

No entedimento de Panebianco (2005), a solução para esses problemas é compreender os partidos como organizações que atuam em um ambiente específico e têm uma dinâmica relativamente autônoma de funcionamento. Isso significa considerar a evolução no tempo das estruturas de poder subjacentes ao funcionamento de todas as organizações, até mesmo das organizações partidárias. O primeiro procedimento para isso é reputar o poder como uma relação de troca, em que um grupo de líderes – ou uma **coalizão dominante**, como prefere o autor – controla as organizações partidárias, mas sem impor unilateralmente sua vontade aos membros do partido, como deseja Michels.

Panebianco (2005) desenvolve sua análise em dois momentos: **no plano estático**, em que expõe os vários elementos morfológicos que compõem a ordem organizativa de um partido; e no **plano dinâmico**, no qual procura abordar a evolução das organizações partidárias com fundamento nos conceitos-chave de *institucionalização partidária* e de *desenvolvimento organizativo*. Tendo em vista essas premissas, o modelo é aplicado por meio de uma análise comparativa de vários partidos políticos, a fim de se descrever os tipos de dinâmicas organizacionais enfrentadas por eles.

Na primeira parte de seu livro, Panebianco examina elementos que integram a ordem organizativa de um partido ou sua estrutura de poder básica. Entre esses elementos estão a forma como as organizações partidárias resolvem seus dilemas organizativos, como as lideranças políticas exercem o domínio sobre as organizações partidárias por meio do controle de várias zonas de incerteza e os fatores subjacentes à conformação da coalizão dominante de cada partido. Nas partes subsequentes, o autor analisa a dinâmica organizativa dos partidos com base no conceito-chave de *grau de institucionalização*. Segundo o autor,

> A evolução organizativa de um partido pode ser considerada como o produto de uma interação entre as características do seu modelo originário, a sua posição no sistema político (no governo, ou na oposição) na fase de consolidação organizativa e, finalmente, a conformação dos 'ambientes' nos quais o partido está atuando. (Panebianco, 2005, p. 282)

Em seguida, o teórico desenvolve uma série de conceitos para analisar a dinâmica ou o desenvolvimento organizacional dos partidos políticos, especialmente os de modelo originário e grau de institucionalização, que desempenham papel-chave em sua análise.

O corolário das análises de Panebianco (2005) é a proposição de uma nova tipologia de partido que busca incorporar elementos das teorizações anteriores, o que ocorre por meio da adaptação a um novo contexto histórico. O núcleo dessa tipologia é a distinção entre partidos burocráticos de massas e partidos profissionais-eleitorais. Essa distinção tem como objetivo incorporar as mudanças organizacionais e a adaptação ao novo ambiente social que os partidos sofreram após a elaboração dos conceitos de *partidos de massas e partidos pega-tudo*. Suas características podem ser sintetizadas no Quadro 2.2.

Quadro 2.2 – Tipos ideais de partidos modernos segundo Panebianco

Partido burocrático de massas	Partido profissional-eleitoral
1. Papel central da burocracia (competência político-administrativa).	1. Papel central dos profissionais (competências especializadas).
2. Partido de filiação com fortes laços organizativos que se dirige a um eleitorado fiel.	2. Partido eleitoral com débeis laços organizativos de tipo vertical e que se dirige ao eleitorado de opinião.
3. Predomínio da direção do partido sobre a bancada parlamentar; direção colegiada.	3. Predomínio dos representantes públicos e das bancadas parlamentares; direção personalizada.
4. Financiamento por meio de cotas de filiados e atividades voluntárias da militância política.	4. Financiamento por grupos de interesse e por meio de fundos públicos.
5. Papel central da ideologia no funcionamento da organização.	5. Papel central dos problemas práticos e elaboração de políticas públicas concretas no funcionamento da organização.

Fonte: Adaptado de Panebianco, 2005, p. 545.

Nos **partidos burocráticos de massa**, há maior burocratização das atividades partidárias e centralização político-administrativa nas mãos de funcionários que fazem carreira longa no interior do próprio partido; fortes ligações entre a coalizão dominante e os militantes partidários; predominância dos dirigentes internos sobre as bancadas parlamentares; financiamento com base predominante na contribuição voluntária de militantes e votos obtidos em eleitorado fiel; ênfase na propaganda da ideologia do partido e de seu programa; incentivos à ascensão dos militantes no interior da organização.

No caso dos **partidos profissionais-eleitorais**, as características são simétricas e as atividades político-administrativas estão centralizadas nas mãos de profissionais com competência técnica especializada (marqueteiros, assessores políticos, advogados), e não de funcionários que fizeram longa carreira no partido. Nesse tipo de organização, as ligações eleitorais são fracas e as bases partidárias são mobilizadas especialmente nos períodos eleitorais, em que há predominância dos notáveis e da bancada partidária no processo decisório interno. O financiamento do partido ocorre predominantemente por contribuições de empresários, grupos de interesse e financiamento público, além de haver menos ênfase em bandeiras ideológicas na divulgação da propaganda partidária e maior preocupação em questões tópicas de políticas públicas.

Para Panebianco, esses são apenas **tipos ideais** elaborados para descrever os diferentes formatos de partido, e a maior parte dos partidos concretos não corresponde exatamente a isso. Por exemplo, pode existir um partido com alto grau de burocratização e centralização decisórias, mas que seja financiado predominantemente por grupos de interesse, e não por contribuições da militância política. Outro ponto abordado pelo autor é que com a crescente profissionalização e o encarecimento dos custos de campanha, a tendência é que ocorra uma adaptação dos partidos à mudança de ambiente externo, com a progressiva transformação em partidos profissionais-eleitorais.

Entre essas alterações que impactaram nas organizações partidárias, destacam-se aquelas já mencionadas por Kirchheimer (2012), como o aumento da heterogeneidade no comportamento do eleitorado, a partir de 1960, em virtude de mudanças na estratificação social, que tornaram as diferentes sociedades mais complexas e diversificadas, modificando a antiga bipolarização de classes que formava o ambiente em que predominavam os partidos de massa. Outro aspecto significativo apontado pelo autor foi o tecnológico, especialmente na reestruturação do campo da comunicação política, como a que ocorreu nos meios de comunicação de massa, principalmente por meio da televisão, quando o candidato presidencial norte-americano John Kennedy empregou amplamente e de forma pioneira os recursos televisivos em sua campanha:

> *A televisão, ao lado dos grupos de interesse, torna-se uma correia de transmissão mais importante entre partidos e eleitores do que as organizações colaterais tradicionais, os militantes e os filiados. Funcionários e militantes ainda servem à organização, mas o seu papel é completamente redimensionado pela afirmação da política televisiva. Uma consequência é que esse processo tende a redesenhar (com diferentes intensidades, conforme as condições iniciais) os mapas de poder organizativo dos vários partidos.*
> (Panebianco, 2005, p. 519)

Por fim, Panebianco (2005) afirma que essa mudança em direção a partidos profissionais-eleitorais equivale a um processo de desinstitucionalização dos partidos, o que pode explicar o fenômeno da **crise dos partidos** ou da **crise de representação** em algumas democracias avançadas. De acordo com sua compreensão, a crescente difusão dos partidos profissionais-eleitorais nas democracias avançadas está por trás dessa percepção de crise, visto que esse fenômeno leva a um esvaziamento das identidades coletivas e das funções desempenhadas pelos partidos.

> *O partido burocrático de massa é uma instituição forte. O partido profissional-eleitoral, ao contrário, é uma instituição fraca. A transformação comporta, portanto, um processo de desinstitucionalização. Reduz-se a autonomia do partido em relação ao ambiente; reduz-se a coerência estrutural da organização. E, uma vez que as fortes subculturas políticas*

que davam estabilidade às arenas eleitorais de muitos partidos tendem a desaparecer, não parece arriscado concluir que a época dos partidos/instituições fortes (os partidos de massa de Weber e de Duverger) já acabou. (Panebianco, 2005, p. 520)

Para complementar sua argumentação, Panebianco (2005, p. 253) ainda aponta dois efeitos produzidos pelo vazio das identidades coletivas derivados da afirmação do partido profissional-eleitoral: "em primeiro lugar, abre caminho para a difusão de comportamentos políticos 'não convencionais'; em segundo, facilita explosões corporativas, ativa processos de multiplicação e de fragmentação das estruturas de representação de interesses" (Panebianco, 2005, p. 523).

É válido salientar que Panebianco escreveu em um contexto de consolidação das mudanças dos antigos partidos de quadros e de massas, posteriormente transformados em partidos profissionais-eleitorais, fortemente orientados para estratégias de maximização de votos na arena eleitoral e para a captura do eleitor mediano, especialmente nas democracias mais avançadas. Essa estratégia passou a ser procurada pelos partidos com a utilização de todos os recursos disponíveis para a organização, principalmente as mídias e as técnicas de *marketing* político e eleitoral. Panebianco (2005) apontou alguns dos impactos de tal fenômeno no sistema político mais amplo, como a perda de identificação do eleitorado com os partidos e uma tendência ao que ele caracteriza como **desinstitucionalização das máquinas partidárias**, que também tenderiam a se tornar cada vez mais semelhantes entre si. Muitos autores viram esse fenômeno como um sintoma da "americanização" da política partidária, com partidos de todo o mundo tendendo a adotar, cada vez mais, o modelo altamente personalizado e orientado para eleições dos grandes partidos políticos norte-americanos, com uso cada vez mais intensivo das ferramentas de *marketing* político.

Entretanto, não obstante o caráter inovador de sua análise, uma limitação do estudo de Panebianco (2005) foi concentrar-se na relação dos partidos com a sociedade civil, não examinando em profundidade a relação destes com o aparelho do Estado. No decorrer dos anos 1980, com a consolidação das democracias em várias partes do mundo, a institucionalização da alternância de poder e a chegada ao governo de partidos que anteriormente apresentavam-se como antissistema, esse problema passou a ocupar o foco da agenda de diversos partidos políticos. Que nova mudança organizacional teria gerado essa metamorfose do ambiente em que atuavam os partidos no interior das organizações partidárias?

Entre os diversos autores que se dedicaram à análise do tema, destacam-se as investigações de Richard Katz (1947-) e Peter Mair (1951-2011), que produziram uma série de textos importantes sobre a questão. Uma das contribuições mais relevantes desses autores foi a **teoria do partido cartel**, na qual se analisa as implicações desses partidos para o funcionamento das democracias contemporâneas. De acordo com os autores, a maior parte da literatura anterior sobre os partidos políticos não analisou em profundidade o problema, por concentrar-se nas relações dos partidos com a sociedade civil, desconsiderando o impacto da ocupação de cargos em órgãos estatais para a organização interna dos partidos políticos.

(2.5)
Os partidos cartéis de Katz e Mair

Katz e Mair (1994) criticam seus predecessores por tomarem o partido de massas de Duverger como parâmetro para avaliar a evolução dos partidos. Para eles, tanto o partido *catch-all* de Kirchheimer quanto o partido profissional-eleitoral de Panebianco, na verdade, são apenas desdobramentos do partido de massa de Duverger.

> *o desenvolvimento dos partidos nas democracias ocidentais tem refletido um processo dialético no qual cada novo tipo de partido gera uma reação que estimula os desenvolvimentos posteriores, conduzindo, por sua vez, a outros novos tipos de partidos e outro conjunto de reações, e assim sucessivamente. Dessa perspectiva, o partido de massa é simplesmente um estágio de um processo contínuo.* (Katz; Mair, 1994, p. 6, tradução nossa)

Com base nessa premissa, os autores utilizam uma série de critérios para detectar três fases anteriores no desenvolvimento dos partidos na Europa Ocidental, aos quais agregam uma quarta etapa fundamentados nos resultados da própria análise (Quadro 2.3).

Quadro 2.3 – Modelos de partidos e suas características

Partidos / Características	Partidos de elites século XIX	Partidos de massas 1880-1960	Partidos catch-all 1945-	Partidos cartéis 1970-
Grau de inclusão sociopolítica	Sufrágio restringido	Extensão do sufrágio; sufrágio universal	Sufrágio universal	Sufrágio universal
Nível de distribuição dos recursos políticos relevantes	Altamente restrito	Relativamente concentrado	Menos concentrado	Relativamente difuso
Principais objetivos da atividade política	Distribuição de privilégios	Reforma social (ou oposição a esta)	Melhoria social	Política como profissão
Base da competição partidária	Status adscrito	Capacidade representativa	Efetividade política	Habilidades de gestão, eficiência administrativa
Modelo de competição eleitoral	Gestionado	Mobilização	Competitivo	Contido

(continua)

(Quadro 2.3 – conclusão)

Partidos Características	Partidos de elites século XIX	Partidos de massas 1880-1960	Partidos *catch-all* 1945-	Partidos cartéis 1970-
Natureza do trabalho partidário e da campanha eleitoral	Irrelevante	Intensivo no fator trabalho	Intensivo nos fatores capital e trabalho	Intensivo em capital
Fonte principal dos recursos	Contatos pessoais	Cotas de membros e de contribuições	Contribuições provenientes de numerosas fontes	Subvenções estatais
Relações entre filiados e elites do partido	Não há mais militantes do que membros da elite	Elite responsável perante os membros do partido	Militantes animadores organizados das elites; lógica "de baixo para cima"	Estratarquia; autonomia mútua das esferas partidárias
Caráter da militância	Reduzida e elitista	Ampla e homogênea; recrutada ativamente e encapsulada; militância fundamental na vida do filiado	Militância aberta a todos, heterogênea e incentivada; pertencimento marginal à atividade do partido	"Militantes" têm um *status* equivalente ao de funcionários públicos e dão importância excessiva aos cargos administrativos
Canais de comunicação	Redes interpessoais	Imprensa partidária	Partidos usam mídia e ferramentas de marketing; canais não partidários de comunicação	Partido tem acesso aos canais de comunicação do Estado
Posição do partido entre a sociedade civil e o Estado	Fronteiras imprecisas entre Estado e Sociedade Civil	Partido representa a sociedade civil	Partidos competem pelos canais de mediação entre Estado e sociedade civil	Partido forma parte do Estado
Estilo de representação	Tutela	Delegação	Empresarial	Agente do Estado

Fonte: Adaptado de Katz; Mair, 2004, p. 30-31, tradução nossa.

Com a sistematização das análises anteriores, os autores detectaram a existência de quatro tipos de partidos (quadros-elites, massas, *catch-all* e cartel), que podem ser comparados por meio dos 13 critérios indicados a seguir. É importante ressaltar que o predomínio de um partido em determinado período histórico corresponde à prática de um modelo de democracia, uma vez que as inovações organizativas implementadas pelos partidos têm impactos não somente em sua vida interna, mas também no sistema político mais amplo.

Ao analisarem os partidos apresentados anteriormente de maneira comparada, Katz e Mair, de acordo com o conjunto de sua obra, caracterizaram os **partidos cartéis** da seguinte maneira, especialmente nas democracias avançadas:

1. **Período histórico de sua existência:** os partidos cartéis surgiram em meados dos anos 1970, após a chegada dos antigos partidos de massa ao poder e de sua permanência no aparelho de Estado por longo período.
2. **Grau de inclusão sociopolítica do eleitorado:** os partidos cartéis atuavam em um ambiente em que as democracias estavam consolidadas pela ampliação do sufrágio universal e ofereciam amplas oportunidades de participação para os eleitores, institucionalizando, assim, uma democracia de massas.
3. **Nível de distribuição dos recursos políticos relevantes:** o nível era difuso, pois apresentava uma sociedade pluralista relativamente diferenciada e democracias consolidadas.
4. **Principais objetivos da atividade política:** a política se tornou uma profissão e os militantes partidários passaram a ter quase o *status* de funcionários públicos concursados, com a estabilidade no emprego atrelada ao sucesso eleitoral do líder partidário.

5. **Bases da competição política:** os principais recursos para legitimar as pretensões à conquista e à continuidade do poder eram as competências na gestão da administração pública e a eficiência administrativa. Isso tornou a ostentação sistemática de bons resultados na gestão pública (pela apresentação de estatísticas, recursos audiovisuais etc.) uma dimensão de fundamental importância na atividade do partido.
6. **Padrões de competição eleitoral:** os padrões passaram a ser contidos e regulados dentro de certos limites, com estratégias de propaganda eleitoral cada vez mais semelhantes entre si, já que os partidos não tinham mais interesse em competir de forma acirrada pelo poder.
7. **Natureza do trabalho partidário e da campanha eleitoral:** o capital era intensivo, com recursos partidários empregados na contratação de profissionais especializados mais do que na mobilização voluntária e descentralizada dos militantes e dos simpatizantes.
8. **Principal fonte de recursos partidários:** as principais fontes de recursos do Estado passaram a ser as subvenções estatais e o financiamento público de campanha, bem como o espaço na mídia financiado pelo Estado.
9. **Relações entre os membros ordinários do partido e as elites partidárias:** a hierarquia partidária passou a ser organizada em níveis hierárquicos estanques com autonomia administrativa, o que alguns autores chamam de *estratarquia*.
10. **Natureza da filiação ao partido:** a filiação passou a ser mais individualizada e menos voltada para a participação dos grupos partidários; os militantes convertiam-se em *"brokers"* e sua

ascensão no partido passou a estar condicionada à eficiência no cumprimento da tarefa de intermediação entre os recursos do Estado e a base eleitoral dos líderes do partido.

11. **Canais de comunicação política do partido:** o partido ganhou acesso privilegiado aos canais de comunicação regulados ou de propriedade do Estado, convertendo-os em canais diretos e indiretos de divulgação de propaganda política.
12. **Posição do partido na mediação entre sociedade civil e Estado:** o partido tornou-se parte do aparelho de Estado, com filiados ocupando um grande número de cargos comissionados e de confiança.
13. **Estilo de representação política:** o representante do partido cartel passou a ser um agente do Estado, convertendo-se principalmente em agente de distribuição de recursos concentrados do Estado aos eleitores (clientelismo).

As 13 características são típicas dos partidos cartéis, embora diferentes partidos podem ser considerados cartéis conforme maior ou menor intensidade em cada aspecto. Os partidos se transformam em cartéis devido aos crescentes custos de campanha e à necessidade de controlarem os fluxos de financiamento eleitoral de forma mais segura. Segundo Katz e Mair (1995), forma-se um cartel porque o acesso a esses recursos está condicionado ao sucesso eleitoral prévio dos próprios partidos, originando, portanto, fortes barreiras para o acesso de novos competidores e para a alteração das posições relativas entre os diferentes partidos:

> *Em resumo, o Estado, invadido pelos partidos, e com as regras que são determinadas por eles, torna-se a fonte de recursos por meio dos quais esses partidos não somente asseguram sua sobrevivência, mas também aumentam sua capacidade de resistir aos novos desafios de novas alternativas a*

serem potencialmente mobilizadas. O Estado, neste sentido, torna-se uma estrutura institucionalizada de suporte, que apoia os que estão dentro e exclui os de fora. Assim, os partidos se tornam não somente despachantes entre a sociedade civil e o Estado, mas são absorvidos por este. (Katz; Mair, 1995, p. 16, tradução nossa)

No entanto, o mais importante para esses teóricos não é apresentar um modelo estático para avaliar os partidos conforme estes se aproximem mais ou menos do partido cartel. O relevante é que, à medida que os partidos se incorporam ao Estado, apresentando com mais intensidade cada uma dessas características, esse fenômeno gera uma série de consequências sistêmicas e de impacto no funcionamento das democracias representativas. Entre as implicações do progressivo predomínio dos partidos cartéis na natureza da democracia vigente nos diferentes países, os autores destacam o arrefecimento das diferenças programáticas entre os partidos, deslegitimando progressivamente as eleições como momento decisivo da responsabilidade destes e da seleção de alternativas pelos eleitores, que se tornam cada vem menos comprometidos com o processo eleitoral. A estatização e a burocratização excessivas das organizações, além de provocarem o desengajamento e a apatia de parcelas crescentes do eleitorado e dos cidadãos no tocante à política partidária, podem conduzir ao aparecimento de movimentos extremistas de contestação das instituições representativas, à esquerda e à direita do eleitorado, em virtude do progressivo distanciamento das elites dirigentes partidárias do cotidiano e das demandas do cidadão comum.

A publicação dos textos clássicos de Katz e Mair deu lugar a um amplo debate na literatura sobre o tema, o qual permanece até hoje. Em artigo recente (Katz; Mair, 2009), reafirmaram a validade de seu argumento, explicando que o partido cartel tende a ser o padrão dominante de organização partidária, ao menos nas democracias avançadas. Entretanto, outros autores contestam essa análise, afirmando que ela simplifica e homogeneíza excessivamente os partidos políticos, que são muito mais diversos do que o aproposto pelos autores da tese do partido cartel.

> Outros autores buscaram desenvolver a tipologia dos partidos políticos superpondo vários critérios para chegar a um mapeamento de todas as possibilidades de variação organizacional dos partidos nas democracias contemporâneas.

Analistas políticos, como Steven Wolinetz (2002), André Krouwel (2006), Russell Dalton, David Farrel e Ian McAllister (2011), reuniram evidências para contestar as teses do partido cartel. Para isso, esses autores demonstraram que, mesmo com as transformações recentes, que tornaram os partidos políticos mais dependentes do Estado, ainda é possível realizar importantes funções de conexão entre a esfera civil e o sistema político, não necessariamente dependentes e atreladas ao Estado. Além do mais, recentemente, em muitos países, há um esforço dos partidos no sentido de se reaproximarem dos militantes, adotando padrões mais participativos e transparentes de organização partidária, o que seria viabilizado até mesmo pelo desenvolvimento das tecnologias digitais.

Outros autores buscaram desenvolver a tipologia dos partidos políticos superpondo vários critérios para chegar a um mapeamento de todas as possibilidades de variação organizacional dos partidos nas democracias contemporâneas. Gunter e Diamond (2015), por exemplo, criaram uma classificação de 15 tipos de partidos, agrupados em cinco grupos: (1) partidos de elites (tradicionalistas e clientelistas); (2) partidos de massa (socialista classista, socialista leninista, nacionalista pluralista, ultranacionalista, religiosos denominacionais e religiosos fundamentalistas); (3) partidos étnicos (éticos puros e congressistas); (4) partidos eleitoralistas (*catch-all*, programáticos e personalistas); e (5) partidos movimentalistas (libertários de esquerda e de extrema-esquerda). Entretanto, os objetivos desses autores são diferentes dos demais analistas que examinamos neste trabalho, que procuraram apenas criar modelos ideais para caracterizar as grandes tendências da evolução organizativa dos partidos, e não fazer uma tipologia empírica exaustiva que abrangesse todo o conjunto dos partidos existentes. Para o leitor interessado em se aprofundar no tema, a leitura dos textos desses autores é de fundamental importância para a compressão das possibilidades de variação programática e organizacional dos partidos no mundo moderno.

Síntese

Neste capítulo, apresentamos as contribuições de vários autores para o estudo dos partidos como organizações. Começamos com as investigações de Michels (1972), como a proposição da Lei de Ferro da Oligarquia. Em seguida, analisamos os estudos de Duverger (1970), procurando demonstrar como sua teoria sobre os partidos é mais abrangente e completa do que a proposta por Michels.

Posteriormente, tratamos das críticas de Panebianco (2005) às limitações da distinção entre partidos de quadros e de massa de Duverger. Por fim, abordamos a teoria do partido cartel de Katz e Mair (1994), bem como as críticas que elaboram à ausência de uma preocupação com o Estado nos modelos de partidos propostos pelos outros autores mencionados.

Questões para revisão

1. Segundo Michels (1972 e 1982), **não** são fatores que levam à oligarquização dos partidos:
   a) o crescente nível educacional das camadas médias e o aumento da participação da mulher nas organizações partidárias.
   b) a dificuldade de membros dos partidos e eleitores de se reunirem para deliberar diretamente sobre os assuntos partidários.
   c) certas predisposições psicológicas das elites e das massas, tais como o desejo de alcançar o poder e a apatia política, respectivamente.
   d) maior capacidade técnica dos líderes e sua maior propensão a se organizar em pequenos grupos eficazes para atingir seus objetivos.

2. Em relação à tipologia dos partidos proposta por Duverger (1970), assinale a alternativa correta:
   a) Em geral, os partidos de quadros têm origem parlamentar, fraca disciplina parlamentar e atividade sazonal, concentrando-se nos períodos eleitorais, e sua base social é formada por empresários e profissionais liberais.
   b) Os partidos de massa se caracterizam pelo grande número de filiados, ultrapassando as centenas de milhares, e pela natureza democrática de seu processo decisório.
   c) Os partidos de massa existem apenas em sistemas políticos democráticos em que ocorrem eleições regulares.
   d) Todos os tipos de partidos de massa concentram atenção na atuação parlamentar, a fim de maximizar seu número de parlamentares.

3. Em relação às teorias dos partidos cartéis e dos modelos de partido de Panebianco (2005) e de Katz e Mair (1994), assinale a alternativa correta:
   a) Os partidos profissionais-eleitorais, na medida em que têm como objetivo maximizar os votos dos eleitores, promovem uma constante diferenciação entre si, tornando-se cada vez mais diferentes – do ponto de vista programático.
   b) O desenvolvimento dos modernos meios de comunicação, especialmente da televisão, não desempenharam papel relevante na transformação dos antigos partidos burocráticos de massa em partidos profissionais-eleitorais.
   c) A difusão dos partidos profissionais-eleitorais e dos partidos cartéis, ao tornar as agremiações partidárias excessivamente dependentes de grandes somas de fundos públicos e empresariais, foi um dos fatores que ensejaram a crise de representatividade dos partidos contemporâneos.
   d) A internet e as tecnologias digitais, ao tornarem mais transparentes e participativas as instituições partidárias, levam inevitavelmente a uma descartelização dos partidos políticos, e os sistemas partidários ficam mais competitivos e abertos a novos atores.

4. O que são partidos de quadros e partidos de massas? Quais as diferenças entre eles?

5. Indique de que maneira os partidos profissionais-eleitorais atuam.

Questões para reflexão

1. Em que medida as tecnologias digitais colocam em xeque as teorias elitistas sobre os partidos políticos e a teoria do partido cartel? Reflita sobre essa questão com base na análise das práticas políticas dos partidos espanhóis Podemos e Ciudadanos.

PODEMOS. Disponível em: <https://podemos.info>. Acesso em: 25 set. 2017.

CIUDADANOS. Disponível em: <https://www.ciudadanos-cs.org>. Acesso em: 25 set. 2017.

2. A partir da leitura do artigo *El modelo de partido cartel y el sistema de partidos de Brasil*, a seguir indicado, discorra sobre a utilidade do conceito de *partido cartel* para a análise do sistema partidário brasileiro.

RIBEIRO, P. F. El modelo de partido cartel y el sistema de partidos de Brasil. **Revista de Ciencia Política**, Santiago, v. 33, n. 3, p. 607-629, 2013. Disponível em: < http://www.revistacienciapolitica.cl/2014/articulos/el-modelo-de-partido-cartel-y-el-sistema-de-partidos-de-brasil/>. Acesso em: 25 set. 2017.

CAPÍTULO 3

Os partidos e os sistemas partidários: tipologias e critérios de contagem

Conteúdos do capítulo:

- Conceitos básicos para o estudo dos sistemas partidários.
- Tipologias sobre os sistemas partidários de Duverger e de Sartori.
- Tipologias mais recentes sobre sistemas partidários.

Após o estudo deste capítulo, você será capaz de:

1. identificar os principais conceitos para a contagem dos partidos políticos e a caracterização dos sistemas partidários;
2. reconstituir os principais aspectos das tipologias dos sistemas partidários de Duverger e de Sartori;
3. caracterizar algumas das tipologias mais recentes dos sistemas partidários.

Analisados os partidos como organizações autônomas, resta agora abordar a questão dos partidos no contexto de sua interação no sistema político mais amplo. A essa interação entre as diferentes agremiações no ambiente social e político-institucional em que os partidos atuam dá-se o nome de *sistemas partidários*. Aparentemente, trata-se de um fenômeno bastante simples de ser compreendido, dado que, em uma primeira aproximação, o *sistema partidário* nada mais é do que a somatória dos diversos partidos políticos legalmente registrados em uma sociedade qualquer[1]. Entretanto, essa impressão é enganosa por diversos motivos.

Em primeiro lugar, porque nem todos os partidos têm o mesmo peso no sistema político mais amplo. Alguns deles têm forte influência nas instituições governamentais, grande número de eleitores e simpatizantes, bancadas poderosas nos órgãos parlamentares; outros estão em posição inversa: quase nunca ocupam cargos nos governos, têm poucos votos e simpatizantes e raramente elegem parlamentares nas várias esferas de governo. Em outras palavras, muitos dos partidos existentes não têm grande relevância política e apenas disputam as eleições na expectativa de fortalecer suas legendas futuramente. Em segundo lugar, em muitos sistemas políticos existem partidos que apenas concorrem às eleições em escala subnacional, sem apresentar candidatos para as eleições nacionais. Apenas a título de exemplo, pensemos no caso do Reino Unido, até pouco tempo visto como exemplo clássico de sistema bipartidário. Segundo uma pesquisa do *site* independente The Electoral Comission, existem, ao todo, 341 partidos registrados em todo o Reino Unido, e a maioria deles – além de

---

1   O Brasil apresentava, até 2016, 35 partidos registrados no Tribunal Superior Eleitoral (TSE). No site do TSE, podem ser coletadas informações sobre a data de fundação, os programas partidários, o número e o nome dos filiados e o acesso ao fundo partidário de cada partido, além das contas eleitorais dos candidatos às eleições pelos partidos.

ter existência apenas local ou no âmbito de condados – não é considerada nas contagens para determinar o tipo de sistema partidário vigente. Para contornar problemas como esse, os analistas dos sistemas partidários estabeleceram distinções conceituais importantes para analisar de maneira mais precisa os diferentes partidos políticos. Antes de entrarmos no exame dessas tipologias, no entanto, convém apresentarmos alguns conceitos básicos para nosso estudo.

(3.1)
Os conceitos básicos para o estudo dos sistemas partidários

O cientista político Wanderley Guilherme dos Santos (1935-), em seu *Almanaque de dados eleitorais* (2002), lista uma série de conceitos relevantes para a análise dos sistemas partidários e de sua dinâmica. Entre esses conceitos, podemos destacar três:

1. **Número efetivo de partidos**: serve para mensurar o número real de partidos existentes em determinado sistema político, que não deve ser confundido com todos os partidos registrados eleitoralmente. Diversos autores definem critérios variados para calcular o número efetivo de partidos em cada sistema político, mas o índice mais adotado é o formulado pelos cientistas políticos Laakso e Taagepera (1979), que pode ser calculado pela seguinte fórmula: $1/(\sum pe^2)$, em que *pe* é o percentual de cadeiras ocupadas por um partido.

2. **Partidos eleitorais e partidos parlamentares**: partidos eleitorais são todos os que disputam as eleições em determinado sistema político; partidos parlamentares são aqueles que logram obter representação no parlamento.
3. **Fracionalização ou fragmentação partidária**: visa mensurar a dispersão partidária de um parlamento e que indica a probabilidade de que dois parlamentares, tomados ao acaso, pertençam a partidos diferentes. Esse índice foi proposto pelo cientista político Douglas W. Rae, no livro *The Political Consequences of Electoral Laws* (1971), e pode ser calculado pela seguinte fórmula: $1 - (\Sigma pe^2)$, em que *pe* é o percentual de cadeiras ocupadas por um partido. O índice de fragmentação varia de 0 a 1 e, quanto mais próximo estiver de 1, mais fragmentado será o sistema partidário, ou seja, maior será a probabilidade de que dois parlamentares tomados ao acaso sejam de partidos distintos.

Podemos fazer uma demonstração simples com os dados brasileiros das eleições para a Câmara dos Deputados de 2014. Entre os 35 partidos eleitorais registrados no TSE, 28 elegeram deputados e se tornaram partidos parlamentares. Esse número considerável de partidos faz do sistema partidário brasileiro um dos mais fragmentados do mundo. A distribuição dos deputados no início da legislatura, antes das migrações partidárias, pode ser conferida no Gráfico 3.1.

Gráfico 3.1 – Distribuição dos partidos brasileiros na Câmara dos Deputados no início da 55ª legislatura, em fevereiro de 2014

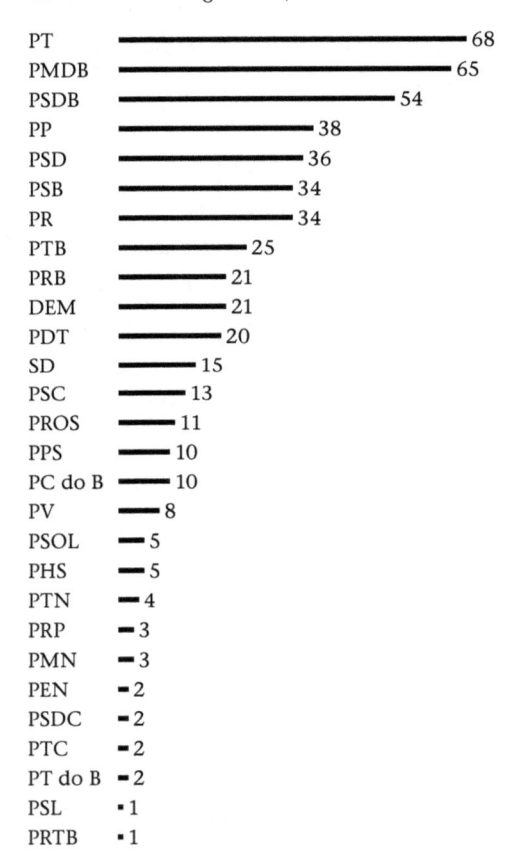

Partido	Deputados
PT	68
PMDB	65
PSDB	54
PP	38
PSD	36
PSB	34
PR	34
PTB	25
PRB	21
DEM	21
PDT	20
SD	15
PSC	13
PROS	11
PPS	10
PC do B	10
PV	8
PSOL	5
PHS	5
PTN	4
PRP	3
PMN	3
PEN	2
PSDC	2
PTC	2
PT do B	2
PSL	1
PRTB	1

Fonte: Elaborado com base em Brasil, 2014.

Com base nesse gráfico, podemos calcular o número efetivo de partidos no Brasil no início da legislatura com a aplicação da fórmula: N = 1/(0,074) = 13,5. Em seguida, é possível obter a fragmentação partidária ou o índice de Rae, que é dado pela fórmula 1 – (0,13) = 0,870, para confirmar a alta probabilidade de se selecionar dois parlamentares de partidos diferentes em uma amostra aleatória.

Temos, no caso brasileiro, um sistema partidário com um alto número de partidos parlamentares, um elevado número de partidos efetivos e um dos maiores índices de fragmentação do mundo, embora, paradoxalmente, seja baixo o número de partidos eleitorais – se comparado a outras democracias consolidadas, em que centenas de partidos chegam a disputar as eleições nacionais e locais.

Diante das evidências sobre os sistemas partidários no mundo, diversos autores tentaram elaborar modelos analíticos para examinar as implicações e os efeitos sistêmicos da interação dos partidos políticos, com vários graus de abrangência geográfica e ambição analítica. Neste capítulo, será inviável reconstruir todas essas abordagens, por isso examinaremos as mais influentes e acessíveis, como as de **Maurice Duverger** (1917-2014), **Giovanni Sartori** (1924-2017), **Arend Lijphart** (1936-) e **Scott Mainwaring** (1954-).

(3.2) As classificações dos sistemas partidários

Além de contabilizar o número de partidos, as tipologias e as teorias dos sistemas partidários procuram refletir sobre os efeitos dos diferentes sistemas de partido, especialmente para a governabilidade e a qualidade da democracia dos países.

Nesse quesito, o cientista político Duverger foi pioneiro mais uma vez. A segunda parte de sua obra clássica *Os partidos políticos* (1980) é justamente dedicada ao exame dos diferentes sistemas partidários e suas consequências nos regimes políticos e na governabilidade, principalmente das democracias de meados do século XX.

Em primeiro lugar, Duverger (1980) analisa os sistemas bipartidários, apontando os Estados Unidos como exemplo clássico de bipartidarismo, visto que o país apresenta um sistema mais estável e partidos mais descentralizados – do ponto de vista organizacional –, diferentemente do Reino Unido, que apresenta instabilidade e partidos centralizados. O autor detecta ainda vários subtipos de bipartidarismo, como o burguês, o moderado, o polarizado, o técnico e o metafísico, segundo as características dos partidos majoritários nesses sistemas partidários. Por exemplo, se forem dois partidos de notáveis, temos um bipartidarismo burguês; se forem dois partidos fortemente ideológicos, temos um bipartidarismo polarizado; e assim sucessivamente. Entretanto, o autor não propõe nenhum critério unificado para classificar esses diferentes tipos de sistemas partidários.

Duverger (1980) tem uma proposição polêmica que postula a existência de um dualismo natural nos diferentes tipos de sociedade, que tenderia a se refletir em um sistema bipartidário. Segundo o autor,

> *Apesar de tudo, o bipartidarismo parece apresentar um caráter natural. Com isso se quer dizer que, geralmente, as opções políticas se apresentam sob forma dualista. Nem sempre há dualismo dos partidos, mas quase sempre há dualismo das tendências. Toda política implica escolha entre dois tipos de soluções: as soluções chamadas intermediárias se relacionam umas com as outras, o que equivale a dizer que o centro não existe em política: pode existir partido de centro, mas não existe tendência de centro, doutrina de centro.* (Duverger, 1980, p. 250)

Essa proposição foi duramente criticada por Sartori e desempenhou papel importante na proposição das Leis de Duverger ao correlacionar sistemas eleitorais e sistemas partidários. A quantidade de partidos existente em um sistema partidário qualquer, para Duverger (1980), resulta justamente da incidência de outros fatores, especialmente da legislação eleitoral vigente em cada país sobre o **dualismo** – que teria um caráter natural e seria dominante nos mais variados sistemas políticos.

Ainda, segundo esse autor, há sistemas **pluripartidários**, que podem ser agrupados em vários subtipos, como tripartidários (na Austrália e em países em que há um terceiro partido com forte representação no parlamento), quadripartidários (em países escandinavos e na França) ou polipartidários (em países em que há mais de quatro partidos fortes representados no parlamento). Esses sistemas partidários se originam predominantemente em países nos quais vigoram sistemas eleitorais proporcionais, responsáveis pelo fracionamento e pela dispersão do dualismo natural existente nas diferentes sociedades, uma das postulações básicas das **Lei de Duverger**.

Duverger (1980) também define o sistema de **partido único**, subdividindo-o em unipartidarismo de tipo fascista, unipartidarismo de tipo comunista e unipartidarismo democrático. Esse sistema vigorou, por exemplo, na Turquia da década de 1950, em que se realizavam eleições com relativo grau de liberdade política.

Por fim, o cientista propõe o **partido dominante**, formulado para caracterizar situações intermediárias entre o sistema de partido único e o pluripartidarismo, situação existente nos países escandinavos, na Índia e no México, onde partidos conseguem se manter no poder durante longo tempo, mesmo com eleições livres e competitivas e com uma oposição funcionando regularmente no parlamento. Isso produz um sistema partidário democrático e pluralista, mas sob a hegemonia ou controle de um único partido que obtém elevado grau de aprovação social. Essa situação se distingue das ditaduras sob a hegemonia de um só partido por estas não apresentarem possibilidade efetiva de alternância no poder, como ocorria no antigo Leste Europeu.

Embora tenha avançado na reflexão sobre os sistemas partidários, a abordagem de Duverger apresenta vários problemas, os quais foram abordados por Sartori em sua obra também clássica *Partidos e sistemas partidários*, publicada originalmente em 1976. Entre esses problemas, Sartori (1982) destaca o fato de Duverger não propor nenhum critério consistente de contagem dos partidos políticos para mensurar o número de partidos efetivamente existente em determinado sistema partidário, ele apenas realiza uma classificação empírica, sem nenhum critério teórico objetivo. Dessa forma, Sartori (1982) coloca a seguinte questão, que não é respondida de maneira sistemática por Duverger: Com base em que critérios se pode denominar um sistema partidário como bipartidário, por exemplo, tendo em vista que existem mais de dois partidos regularmente representados no parlamento ou, até mesmo, concorrendo às eleições?

Outra crítica de Sartori (1982) a Duverger é a de não haver nenhum critério unificador para classificar os subtipos de partidos por ele enumerados, apenas a citação empírica de diversos subtipos de sistemas partidários sem a definição de qualquer indicador objetivo. Por fim, para esse autor, Duverger equivoca-se ao propor um dualismo ou uma polarização natural nas diferentes sociedades, sobre os quais incidiriam os sistemas eleitorais que gerariam os diferentes sistemas partidários.

Para solucionar esses problemas, Sartori (1982) efetua algumas contribuições ao modelo proposto por Duverger. Em primeiro lugar, o autor nega a existência de qualquer tendência natural ao dualismo nos diferentes sistemas políticos, postulando o **caráter plural** das coletividades políticas. Assim, os sistemas de representação teriam sempre um efeito redutor e organizador na diversidade de interesses existente em qualquer sociedade, que tenderiam sempre ao pluralismo.

Em segundo lugar, Sartori (1982) propõe o conceito de *partido relevante* para determinar o número de partidos em qualquer sistema partidário – critério que distinguiria o partido com poder de coalizão e de chantagem política, ou seja, aquele que fosse relevante para a formação de qualquer governo, e, ao mesmo tempo, detivesse a capacidade ou o potencial de veto sobre o processo decisório.

Por fim, Sartori (1982) estabelece o critério da **polarização ideológica** para definir os diferentes subtipos de sistemas partidários e algumas de suas propriedades, ao contrário da grande variedade de critérios proposta por Duverger. Para Sartori, o grau de polarização ideológica é uma variável fundamental para definir a estabilidade ou não de um sistema partidário, que seria dada essencialmente pelo papel nela desempenhado pelo centro político.

Operando com esses critérios, Sartori (1982) elabora uma tipologia dos sistemas partidários, a qual teve grande influência na ciência política contemporânea. Um dos primeiros questionamentos do autor para fomentar essa discussão diz respeito à viabilidade de identificar a existência de sistemas partidários em sistemas políticos nos quais não há competição política e possibilidade de alternância no poder, ou em que exista apenas um partido que interdita a administrabilidade legal de outros partidos. A resposta do autor é negativa, visto que um pré-requisito básico da existência de um sistema partidário é a possibilidade de vários partidos interagirem entre si na competição pelo poder. A esses sistemas políticos em que não é possível a competição política efetiva e a alternância no poder, Sartori denomina *partido-Estado*. Com base nessa distinção, o autor organiza os diferentes sistemas de partido existentes no mundo com a seguinte tipologia:

- **Sistemas não competitivos (sistemas de partido-Estado):** são aqueles em que existe um partido relevante que controla o governo e não há competição política efetiva nem possibilidade de alternância do partido no governo. Ocorre geralmente em regimes políticos autoritários, nos quais não existe efetiva alternância de poder, sendo os partidos políticos uma mera fachada para a implementação de uma ditadura por determinado grupo político. Os sistemas de partido-Estado apresentam os seguintes subtipos:
  - **Sistema de partido único:** sistemas partidários em que apenas um partido é legalizado e participa do processo eleitoral. Via de regra, são os partidos que controlam o governo e que proíbem legalmente a existência de mais de um partido. Segundo Sartori (1982), é o caso de boa parte dos sistemas de partido único do antigo Leste Europeu, tais como a URSS e a Albânia, que não permitiam a existência legal de mais de uma agremiação competindo nas eleições – assim como Cuba e a Coreia do Norte nos dias atuais.
  - **Sistema de partido hegemônico:** sistema que admite a existência de mais de um partido, mas só de fachada. Assim, os partidos participam do processo eleitoral, têm existência legal, mas jamais é dada a eles a oportunidade de ganhar as eleições de fato. Era o caso de alguns países do Leste Europeu, como a Alemanha Oriental e a Tchecoslováquia: havia mais de um partido disputando as eleições, mas apenas o partido comunista oficial controlava as vias de acesso aos cargos públicos. Sartori (1982) também adota o exemplo do México durante o domínio do Partido Revolucionário Institucional (PRI), que governou o país de 1929 até 2000, quando o partido foi removido do governo pelo Partido da Ação Nacional (PAN), que elegeu Vicente Fox como Presidente da República.

- **Sistemas partidários competitivos:** são aqueles em que existe alternância de poder e mais de um partido pode controlar o governo, ou seja, há competição democrática efetiva pelo poder e um regime político democrático. Esses sistemas apresentam os seguintes subtipos fundamentais:
  - **Sistema de partido predominante:** ocorre quando um partido governante supera por muito tempo os demais no percentual de votos obtidos e na bancada eleita, permanecendo por longo tempo no governo. É encontrado em países democráticos no quais existem condições legítimas de competição política, mas apenas um partido logra manter-se no poder por muito tempo, sendo vitorioso em sucessivas eleições. De acordo com Sartori (1982), os casos clássicos são Japão, onde o Partido Liberal manteve-se no poder por muito tempo no século XX; Índia, onde o Partido do Congresso foi vitorioso em sucessivas eleições; e algumas democracias de países escandinavos, onde os partidos social-democratas também foram vitoriosos em sucessivas eleições e se mantêm no poder.
  - **Sistemas bipartidários:** são aqueles em que, mesmo existindo mais de dois partidos representados no parlamento, apenas duas legendas relevantes se sucedem no governo e têm potencial para ganhar as eleições. Os casos clássicos são Estados Unidos, Inglaterra, Austrália e Nova Zelândia até a década de 1990; os dois últimos se caracterizavam por terem mais de dois partidos representados no parlamento, mas não tinham número suficiente para ter potencial de coalizão e de veto.
  - **Pluripartidarismo moderado:** são os sistemas partidários em que mais de dois partidos ou coligações de partidos se sucedem no poder ou têm representação no parlamento, não existindo nenhum partido antissistema relevante capaz de

questionar a estabilidade das instituições democráticas. Os casos clássicos são as democracias pluripartidárias da Europa Continental, especialmente da Bélgica e da Alemanha, em que inexistem partidos antissistema relevantes com representação no Congresso; e as democracias dominadas por partidos social-democratas moderados, que logram obter hegemonia sobre os partidos de esquerda radical e antissistema, como os países escandinavos.

- **Pluripartidarismo polarizado:** é aquele em que mais de dois partidos relevantes se alternam no poder, geralmente com a formação de coalizões, e em que existem partidos antissistema relevantes com representação no Congresso. É o caso dos sistemas políticos da França e da Itália no pós-Segunda Guerra Mundial e do Chile antes do golpe de Estado contra Salvador Allende, em 1973. Nesses três países, em boa parte de sua história política, existiram Partidos Comunistas de massa com grande bancada parlamentar e forte representatividade social, o que determinava um esvaziamento do centro político, maior polarização ideológica e instabilidade no sistema político. Para Sartori (1982), um aspecto importante do pluralismo é a existência de oposições irresponsáveis, ou seja, partidos políticos que usam o parlamento para agitação político-ideológica de suas legendas com vistas a uma transformação social mais ampla, sem a intenção de chegar ao governo, de fato, no curto prazo.
- **Pluripartidarismo atomizado:** ocorre em países onde existem vários partidos relevantes com elevado grau de dispersão de poder, em que mesmo na ausência de partidos antissistema não se formam coalizões estáveis nem um centro político com capacidade para dar estabilidade relativa ao sistema. É o

caso da Malásia, de Israel e de outros países em que há grande dispersão de poder, mas sem coalizões estáveis de governo baseadas em um centro estruturado de grandes partidos.

Sartori (1976) sintetiza sua proposta de tipologia em um gráfico, agrupando os diferentes sistemas partidários em um gradiente de dispersão de concentração de poder (Gráfico 3.2).

Gráfico 3.2 – Sistemas partidários e dispersão/concentração de poder segundo Sartori

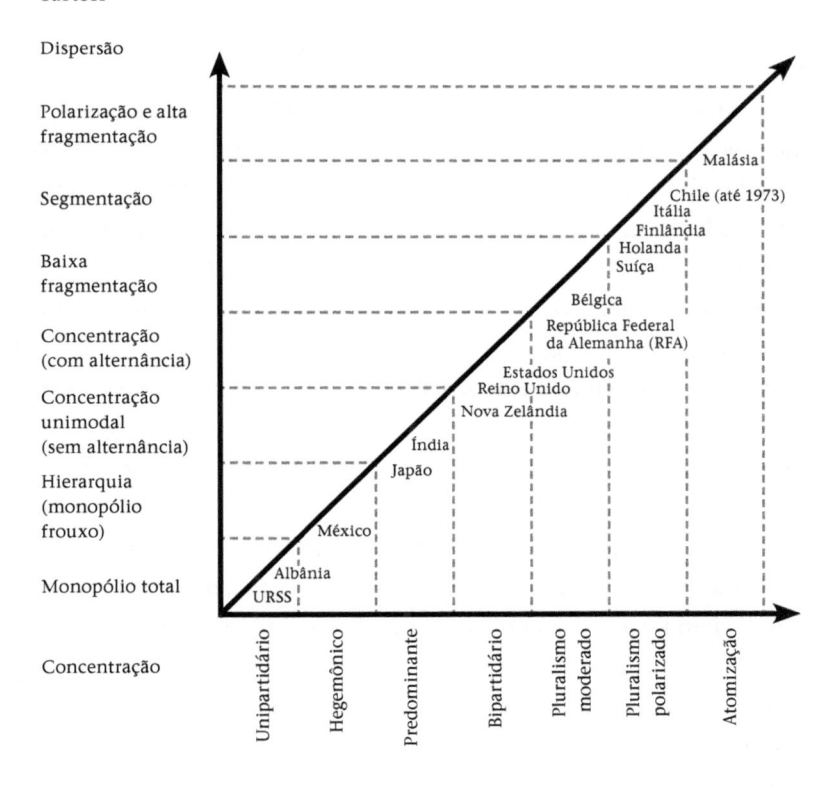

Dispersão

Polarização e alta fragmentação — Malásia

Segmentação — Chile (até 1973), Itália, Finlândia, Holanda, Suíça

Baixa fragmentação — Bélgica

Concentração (com alternância) — República Federal da Alemanha (RFA), Estados Unidos, Reino Unido, Nova Zelândia

Concentração unimodal (sem alternância) — Índia, Japão

Hierarquia (monopólio frouxo) — México

Monopólio total — Albânia, URSS

Concentração

Eixo horizontal: Unipartidário, Hegemônico, Predominante, Bipartidário, Pluralismo moderado, Pluralismo polarizado, Atomização

Fonte: Adaptado de Sartori, 1976, p. 113, tradução nossa.

Assim, os diferentes sistemas partidários podem ser classificados em um gradiente contínuo, variando desde sistemas com alta concentração de poder, como o regime ditatorial soviético de partido único antes da queda do muro de Berlim, até sistemas pluripartidários altamente fragmentados, como o regime político da Malásia de meados dos anos 1980 ou o atual sistema partidário brasileiro.

(3.3) As tipologias modernas dos sistemas partidários

As contribuições de Sartori permanecem fundamentais para classificar os sistemas partidários do mundo. Entretanto, após a publicação de seu trabalho, houve alguns desenvolvimentos nesse aspecto motivados tanto por fatores históricos quanto por complementações efetuadas ao seu modelo analítico. Muitos analistas observam que, após a queda do muro de Berlim e do consequente enfraquecimento, ou mesmo da extinção, dos antigos partidos comunistas e socialistas radicais antissistema, a antiga distinção entre os pluralismos moderado e polarizado passou a não ter mais destaque, pois, na grande maioria das democracias representativas, começaram a vigorar sistemas pluralistas moderados sem partidos antissistema relevantes. Por outro lado, o surgimento de partidos ecológicos nos anos 1990, a ascensão do populismo de direita no início do século XXI nos países de democracia consolidada – como a Frente Nacional na França e o UK Independence Party – UKIP (Partido de Independência do Reino Unido) – e a difusão de sistemas partidários pluralistas nos países de "terceira onda" de democratização tornaram mais complexo o funcionamento dos sistemas partidários observados por Sartori, diversificando enormemente a natureza do pluralismo moderado vigente no mundo.

Paralelamente a esses processos reais, diversos autores começaram a fazer reparos à tipologia de Sartori. **Scott Mainwaring**, por exemplo, em um conjunto de artigos clássicos escritos com seus colaboradores Timothy Scully (Mainwaring; Scully, 1995) e Mariano Torcal (Mainwaring; Torcal, 2005), colocou a questão da importância do grau de institucionalização para entendermos a dinâmica dos sistemas partidários. Esses autores criticam Sartori por ter considerado apenas duas dimensões para o estudo desses sistemas, ou seja, o número de partidos relevantes e o grau de polarização ideológica, como visto anteriormente. De acordo com Mainwaring e Torcal (2005, p. 253), "Uma classificação dos sistemas partidários baseada no número de partidos e no nível de polarização negligencia diferenças substanciais no grau de institucionalização e, portanto, [...] a comparação entre partidos funciona em contextos menos institucionalizados".

Os sistemas partidários das novas democracias da América Latina, por exemplo, são qualitativamente distintos das democracias estudadas por Sartori na década de 1970. Nesse sentido, a principal diferença reside no grau ou nível de **institucionalização dos sistemas partidários**, que é uma dimensão central para compreender a dinâmica desses sistemas nas democracias mais recentes. Para Mainwaring e Torcal (2005), a institucionalização é o processo pelo qual uma prática ou organização se torna amplamente legitimada e estável, sendo o grau de institucionalização de um sistema partidário determinado em função de quatro fatores: (1) **estabilidade**, ou seja, a regularidade e a previsibilidade da organização dos principais partidos no decorrer do tempo; (2) **enraizamento social**, ou o grau em que os partidos são apoiados por eleitores ou grupos de interesse; (3) **legitimidade**, que é o grau de confiança e de aceitação social das organizações partidárias pela população; e (4) **ausência de personalização**, que corresponde ao grau em que os partidos estão ou não subordinados aos interesses de poucos políticos ambiciosos.

Conforme o desempenho desses fatores, Mainwaring (2001) agrupa os diferentes partidos em um gradiente, variando de sistemas partidários fluidos ou fracamente institucionalizados até sistemas partidários sólidos ou altamente institucionalizados.

Mainwaring (2001) aplica esse modelo teórico na análise comparativa das democracias dos países avançados economicamente e dos países menos desenvolvidos, sendo suas conclusões derivadas do menor grau de institucionalização dos sistemas partidários das novas democracias. O autor aprofunda sua análise afirmando que a fraca institucionalização dos sistemas de partidos pode ter fortes consequências para a qualidade das democracias, especialmente nos países da América Latina, marcados pela incerteza e perda de legitimidade dos resultados eleitorais, pela fraca capacidade dos governantes de prestarem contas ao eleitorado sobre políticas públicas e pela ascensão de líderes personalistas com objetivos autoritários (populismo).

> Recentemente, um cientista político brasileiro, César Zucco Jr. (2016), aplicou o modelo elaborado por Mainwaring para analisar o sistema partidário brasileiro. Para ele, o sistema partidário brasileiro se caracteriza por uma relativa estabilidade, mas com baixo enraizamento social, pois há níveis baixos de volatilidade e certa estabilidade organizacional no país, mas com baixos graus de confiança e legitimidade (embora estáveis no decorrer do tempo) e certa tendência ao personalismo na representação. Em suma: o sistema partidário brasileiro estaria em um **patamar intermediário de institucionalização**, sendo um caso de estabilidade não institucionalizada, ou seja, com alto grau de estabilidade e institucionalização, mesmo com o baixo enraizamento social dos partidos no eleitorado e na população de maneira geral.

Além de Mainwaring, diversos outros analistas fizeram reparos críticos e complementações à tipologia elaborada por Sartori, entre os quais se destaca o cientista político Alan Siaroff (2000), que procurou justamente diversificar a categoria de sistemas pluralistas moderados, pois esta tende a ser a categoria dominante em todas as democracias. Para mapear a variação dos tipos de sistemas pluralistas, ele aplica dois critérios: (1) o índice de partidos efetivos de Laakson e Taagepera, analisado no Capítulo 3; e (2) o peso relativo de cada partido no parlamento.

Aplicando esses índices e com base na desagregação da tipologia de Sartori, Siaroff (2000) detecta oito sistemas partidários: (1) bipartidarismo puro, com os dois maiores partidos somando cerca de 95% das cadeiras parlamentares; (2) sistema de dois partidos e meio, com três a cinco partidos acima dos 3% e representação concentrada em dois grandes partidos; (3) pluralismo moderado, com um partido dominante; (4) pluralismo moderado, com dois grandes partidos concentrando a representação parlamentar; (5) pluralismo moderado, com um equilíbrio entre os principais partidos, sem que nenhum se destaque; (6) pluralismo fragmentado, com um sistema dominante; (7) pluralismo fragmentado, com dois principais partidos; (8) pluralismo fragmentado, com equilíbrio entre os principais partidos. Essa tipologia é resumida na Tabela 3.1.

Tabela 3.1 – Classificação de Siaroff sobre os sistemas partidários

Tipo de sistema partidário	Número de partidos efetivos
Bipartidário puro	1,92
Sistema de dois partidos e meio	2,56
Pluralismo moderado com um partido dominante	2,95
Pluralismo moderado com dois partidos principais	3,17
Pluralismo moderado com equilíbrio entre os principais partidos	3,69

(continua)

(Tabela 3.1 – conclusão)

Tipo de sistema partidário	Número de partidos efetivos
Pluralismo fragmentado com um partido dominante	3,96
Pluralismo fragmentado com dois principais partidos	4,41
Pluralismo fragmentado com equilíbrio entre os partidos	5,56

Fonte: Elaborado com base em Siaroff, 2000, tradução nossa.

> A discussão sobre sistemas partidários ainda está aberta, com várias tentativas de tipologia sendo elaboradas de maneira contínua.

A tipologia de Siaroff (2000) é considerada bem-sucedida ao desagregar as diversas categorias de pluralismo sugeridas por Sartori. Entretanto, muitos analistas criticam o autor por usar um critério excessivamente quantitativo para definir os diferentes partidos, não apreendendo suas propriedades sistêmicas, como faz Sartori. Outra deficiência apontada na tipologia sugerida é o caráter excessivamente volátil, que leva em consideração apenas os percentuais de votação obtidos pelos partidos em cada eleição, não abordando a questão da institucionalização ou da estabilidade dos sistemas partidários (Mair, 2003; Wolinetz, 2002).

A discussão sobre sistemas partidários ainda está aberta, com várias tentativas de tipologia sendo elaboradas de maneira contínua. Contudo, as contribuições de Sartori ainda pautam os debates travados pelos especialistas. Afinal, os principais desenvolvimentos posteriores são tentativas de aperfeiçoar ou complementar o modelo sartoriano, como a abordagem da institucionalização dos sistemas partidários de Mainwaring e seus colaboradores ou as tentativas de desagregação de suas categorias sugeridas por Siaroff.

> **Para saber mais**
>
> Visite o *link* a seguir, em que há um levantamento dos índices eleitorais do mundo, realizado pelo cientista político Michael Gallagher, um dos principais estudiosos sobre os sistemas eleitorais e partidários no mundo. A pesquisa oferece ampla base de dados e informações sobre o número de partidos efetivos em cerca de 100 países. Procure comparar o índice de número de partidos efetivos do Brasil com outros países.
>
> GALLAGHER, M. **Election Indices**. Disponível em: <http://www.tcd.ie/Political_Science/staff/michael_gallagher/ElSystems/Docts/ElectionIndices.pdf>. Acesso em: 25 set. 2017.

Síntese

Neste capítulo, tratamos dos principais conceitos para a análise dos sistemas partidários e dos critérios de contagem dos partidos políticos. Em seguida, reconstituímos as tipologias clássicas dos sistemas partidários e as abordagens mais recentes, assim como os critérios empregados para elaborar tais tipologias. Apresentamos, ainda, conceitos suplementares à análise do tema, como a institucionalização dos sistemas partidários. Além disso, constatamos que há critérios qualitativos e quantitativos para a contagem dos partidos relevantes, dos quais derivam diferentes tipologias de sistemas partidários.

Por fim, examinamos abordagens mais recentes sobre os sistemas partidários, as quais buscam desenvolver as indicações de Sartori, introduzindo o conceito de *institucionalização dos sistemas partidários* e desagregando os grupos de pluralismo moderado e fragmentado, a fim de abranger de forma mais completa a dinâmica dos sistemas partidários.

Questões para revisão

1. Sobre a teoria dos sistemas partidários de Duverger (1980), assinale a alternativa correta:
   a) Postula a existência de um dualismo natural nos tipos de sistemas políticos, sendo a fragmentação partidária resultante da forma como o sistema eleitoral incide sobre tal dualismo.
   b) Propõe um critério rigoroso de contagem dos partidos políticos, derivando daí o caráter rigoroso de sua tipologia.
   c) Elabora fórmulas matemáticas rigorosas para determinar o número de partidos relevantes existentes em determinado sistema político.
   d) Agrupa os sistemas partidários em um gradiente segundo o grau de dispersão de poder e de polarização ideológica entre os principais partidos relevantes.

2. Entre as contribuições de Sartori (1982) para a moderna teoria dos sistemas partidários, assinale a alternativa que **não** contempla uma delas:
   a) Critério mais rigoroso de contagem dos partidos relevantes existentes em um sistema partidário.
   b) Grau de polarização ideológica como um dos principais critérios para distinguir tipos de sistemas partidários.
   c) Crítica à postulação de Duverger acerca da existência de um dualismo natural nas diferentes sociedades, pois o usual é a existência de um pluralismo social, com diversas

correntes de opinião existentes na sociedade que serão organizadas pelo sistema partidário.

   d) Proposta de uma fórmula quantitativa para a distinção entre partidos eleitorais, parlamentares e relevantes.

3. Para Mainwaring (2001), o grau de institucionalização dos sistemas partidários é determinado em função dos seguintes fatores:
   a) número de partidos relevantes, existência de eleições limpas e competitivas, alternância no poder e existência de oposições responsáveis.
   b) ausência de partidos antissistema, existência de um centro político relevante, estabilidade dos gabinetes ministeriais e fragmentação parlamentar.
   c) possibilidade de alternância no poder, existência de competição política efetiva, ausência de líderes personalistas e predomínio da sociedade civil sobre o Estado.
   d) estabilidade dos partidos e seu enraizamento social, legitimidade dos partidos políticos aos olhos da população e ausência de líderes personalistas ou populistas que predominem sobre os partidos.

4. De 1965 a 1979, vigorou no Brasil o regime militar. De acordo com Sartori (1982), por existirem partidos políticos legais e competindo nas eleições, é possível afirmar que vigorava um regime político democrático naquele período? Justifique sua resposta.

5. Qual a diferença entre os sistemas de partido único e os de partido hegemônico?

Questão para reflexão

1. Que critérios você utilizaria para contar os partidos políticos relevantes existentes no sistema político brasileiro? De que tipo de pluralismo o sistema partidário brasileiro mais se aproxima?

PARTE II

O debate contemporâneo sobre os partidos e a representação política: uma introdução ao caso brasileiro

Capítulo 4
Os sistemas eleitorais

Conteúdos do capítulo:

- Definições de *sistemas eleitorais*.
- Tipos de sistemas eleitorais.
- Princípios majoritário e proporcional e sistemas mistos.

Após o estudo deste capítulo, você será capaz de:

1. identificar os tipos de sistemas eleitorais e as regras eleitorais existentes;
2. diferenciar os princípios majoritário e proporcional e os sistemas mistos.

Na segunda parte deste livro, abordaremos os partidos e os sistemas partidários sob a perspectiva da representação política e da suposta crise de representação pela qual passam as democracias contemporâneas. Com efeito, procuraremos responder às seguintes questões: Como compreender a organização da representação política atual do ponto de vista histórico? Quais são as relações entre os elementos fundamentais que integram os modernos sistemas de representação política? Qual é o papel ainda desempenhado pelos partidos políticos atuais nos modernos sistemas políticos? Quais são os impactos das tecnologias digitais nas organizações partidárias? A suposta crise dos partidos é um fenômeno irreversível ou é possível imaginarmos formas mais participativas e democráticas de organizações partidárias que não se restrinjam aos chamados *partidos cartéis*?

Com base nesses questionamentos, examinaremos outro tema fundamental para o entendimento dos partidos políticos: os **sistemas eleitorais**. O cientista político estadunidense **Elmer Eric Schattschneider** (1942) concluiu que a democracia moderna é impensável sem os partidos políticos. Do mesmo modo, **James Bryce** (1982) afirmou que os partidos são inevitáveis, uma vez que ninguém mostrou como um governo representativo poderia funcionar sem eles.

Os partidos políticos estiveram, desde sua origem, na base do sistema democrático representativo. Para entendermos as mudanças ocorridas nas formas de representação dos partidos, precisamos elucidar alguns conceitos, como o de *sistema eleitoral*, que se articula aos de *partidos políticos* e de *sistemas partidários* para constituir os processos de representação política nas democracias modernas. Para além da enorme variedade empírica observada ao redor do mundo, são várias as tentativas de se elaborar definições genéricas e leis sobre os sistemas eleitorais.

(4.1)
AS FUNÇÕES DOS SISTEMAS ELEITORAIS

Na história da humanidade, podemos encontrar diversas formas de regimes políticos (ditadura, democracia, teocracia), cada uma delas com inúmeras variações. Aqui, trataremos do modelo predominante no mundo ocidental moderno: a **democracia representativa**. Idealmente, uma democracia representativa parte do princípio de que é inviável que a totalidade da população realize as decisões políticas, o que torna necessária a escolha de representantes para o cumprimento desse dever, a qual ocorre por meio do sufrágio (voto), que tanto pode ser restrito a certos grupos quanto difundido universalmente a toda a população, sem distinções.

A forma como o processo de eleição dos representantes ocorre é o que caracteriza o sistema eleitoral. O cientista político e autor do clássico livro *Sistemas eleitorais nas democracias contemporâneas: teoria, instituições, estratégia*, José Antônio Giusti Tavares, define *sistema eleitoral* como construções institucionais concebidas de maneira política e estratégica e realizadas tecnicamente para "viabilizar e sancionar a representação política" (Tavares, 1994, p. 33). Para o politólogo brasileiro Antônio Octávio Cintra (2006, p. 128), a literatura da ciência política sobre eleições costuma reservar ao conceito de sistema eleitoral um conjunto de normas que definem:

I. *A região geográfica em que os representantes serão eleitos e em que os votos serão coletados e computados (circunscrições ou distritos);*
II. *Os graus de liberdade à disposição do eleitor na votação;*
III. *A forma de materializar os votos em cadeiras parlamentares ou cargos no Executivo.*

Tendo em vista essas características, os sistemas eleitorais precisam, na condição de instituições democráticas, atender a certas exigências de ordem normativa, como dar representação à gama de variados grupos, "fortalecer os vínculos entre a representação e os cidadãos, aumentar a capacidade do sistema político de decidir e governar, e tornar os resultados do pleito inteligíveis para o eleitor" (Cintra, 2006, p. 129).

Em sentido amplo, o sistema eleitoral abrange um conjunto de normas jurídicas, procedimentos e expedientes técnicos que regulam o processo que começa com a convocação das eleições e termina com a anúncio dos candidatos eleitos. Em sentido específico, ele trata do procedimento técnico que é mobilizado para a distribuição de cadeiras legislativas entre candidatos e partidos. O sistema eleitoral compreende instituições, regras e mecanismos, instituídos por lei, que disciplinam todo o processo eleitoral. De forma mais simples, um sistema eleitoral pode ser definido, segundo o cientista político brasileiro Jairo Nicolau (2004, p. 10), como "o conjunto de regras que define como, em uma determinada eleição, o eleitor pode fazer suas escolhas e como os votos são contabilizados para serem transformados em mandatos (cadeiras do Legislativo ou na chefia do Executivo)".

> A forma como o processo de eleição dos representantes ocorre é o que caracteriza o sistema eleitoral.

Via de regra, quando nos referimos ao sistema eleitoral de um país, objetivamos qualificar a maneira como são eleitos os parlamentares para a Câmara Baixa, ou seja, para as Câmaras dos Deputados ou Assembleias Nacionais, e não para outros cargos públicos, como os do Senado Federal ou do Executivo, no caso de sistemas de governo presidencialistas. É muito importante ter isso em mente para evitar confusões e definir os sistemas eleitorais mistos, nos quais coexistem princípios diferentes para o Legislativo e para o Executivo. Por exemplo, no caso brasileiro, o sistema eleitoral é o proporcional de lista aberta, pois é o que vigora quando elegemos os deputados para o parlamento (os cargos são definidos em proporção ao número de votos e não há nenhuma lista partidária que hierarquize os candidatos), apesar de, nas eleições para a chefia do Executivo, vigorar o método majoritário, como veremos adiante.

Há várias maneiras de classificar os sistemas eleitorais, que geralmente se baseiam na fórmula eleitoral que definirá como os votos serão convertidos em ocupação das vagas em disputa. A magnitude do distrito também é um importante aspecto na análise dos sistemas eleitorais. O distrito eleitoral é a circunscrição em que os votos são contabilizados e convertidos em cadeiras, e podem ser criados com esse propósito ou definidos pelas unidades subnacionais de um país (estado, município, província, condado) ou pelo próprio país, em caso de eleição presidencial. O número total de representantes de determinado distrito eleitoral é chamado de *magnitude* – indicado nos estudos pela letra M. Se o Estado do Rio Grande do Sul, por exemplo, elege 31 deputados federais, e o Ceará elege 22, isso quer dizer que o primeiro tem M = 31, e o segundo, M = 22 nas eleições para a Câmara dos Deputados do Brasil.

Há três princípios que guiam a definição dos sistemas eleitorais: o **majoritário,** o **proporcional** e o **misto.**

> **Para saber mais**
>
> Sobre os modelos que podem ser assumidos nas democracias como as conhecemos hoje, leia o clássico de Arend Lijphart, *Modelos de democracia*, no qual o autor formula uma teoria para ajudar a compreender, de forma mais abrangente, como operam os sistemas políticos atuais, bem como quais são os efeitos dos diferentes sistemas de representação política sobre sua dinâmica de funcionamento.
>
> LIJPHART, A. **Modelos de democracia**: desempenho e padrões de governo em 36 países. Rio de Janeiro: Civilização Brasileira, 2003.

(4.1) O PRINCÍPIO ELEITORAL MAJORITÁRIO

De acordo com um dos principais estudiosos brasileiros sobre os sistemas eleitorais, Jairo Nicolau (2004), o sistema majoritário pode ser caracterizado pela garantia de representação do candidato ou dos candidatos mais votados em uma eleição, geralmente ocorrida em distritos uninominais, ou seja, de magnitude = 1, em que o partido do candidato mais votado é incubido de 100% da representação, e os partidos derrotados não representam ninguém, sendo seus votos desprezados – não computados para a distribuição das cadeiras.

Com base nessa definição, outros autores procuram aprender algumas consequências ou efeitos sistêmicos da adoção do método de escolha dos representantes no sistema político mais amplo. **Arend Lijphart** (1936-), por exemplo, teoriza o modelo de democracia majoritária em sua obra *Modelos de democracia: desempenho e padrões de governo em 36 países*, escrita em 1999, na qual classifica democracias em tipos denominados de *majoritários* ou *consensuais*. O problema central do autor é assimilar as diferenças sistêmicas da vigência dos tipos de sistemas eleitorais nas democracias contemporâneas, que se corporificam em diferentes modelos de democracia, que são, por sua vez, resultantes de fórmulas institucionais e eleitorais que regulam os regimes democráticos. Lijphart (2003, p. 169) classifica os países tendo em vista os pressupostos e os dilemas da teoria democrática:

> *O sistema eleitoral típico da democracia majoritária é o sistema do distrito uninominal, baseado, seja na regra da maioria simples, seja na de maioria absoluta. A democracia de consenso, em geral, emprega a representação proporcional (RP). Os métodos de maioria simples (plurality) em distrito uninominal são do tipo "o vencedor leva tudo": vencem os candidatos apoiados pelo maior número de eleitores, e todos os demais eleitores ficam sem representante – o que reflete perfeitamente a filosofia majoritária. Além disso, o partido vencedor de uma maioria de votos de âmbito nacional, ou de uma maioria simples, contará com uma sobre-representação de cadeiras do Parlamento. Fazendo um agudo contraste, o objetivo básico da representação proporcional é o de representar tanto as maiorias quanto as minorias e, em vez de representar exagerada ou insuficientemente qualquer um dos partidos, expressar proporcionalmente a votação em termos de cadeiras parlamentares.*

Lijphart (2003) elenca cinco **características** do modelo de democracia majoritário: (1) a concentração do poder Executivo é dada a gabinetes monopartidários de maioria; (2) o Executivo costuma ser dominante nas relações entre o Executivo e o Legislativo; (3) o sistema partidário tende a ser de dois partidos (bipartidário); (4) há sistemas eleitorais majoritários e desproporcionais; (5) há sistemas de grupos de interesses pluralistas, com livre concorrência entre grupos.

O princípio majoritário é antigo na história das democracias do mundo, sendo caracterizado pela decisão tomada pela maioria dos votos. Esse modelo também é conhecido como *Westminster*, pois é no Palácio de Westminster, em Londres, que se reúne o Parlamento do Reino Unido, berço do modelo majoritário de democracia.

No sistema majoritário, o território nacional é **dividido em distritos** (circunscrições), nos quais se aplica alguma modalidade de regra majoritária para eleger aqueles que receberem a maioria dos votos, de três formas: (1) maioria relativa ou plural, que recebe a maior quantidade de votos sem um mínimo necessário estabelecido; (2) maioria absoluta, também conhecida como *maioria simples* ou *50% + 1*; e (3) maioria qualificada, quando há a exigência, por exemplo, de dois terços dos votos.

O objetivo final da adoção do princípio majoritário é constituir maiorias no parlamento ou destinar a vaga de presidente (Poder Executivo) ao vencedor – no caso do sistema presidencialista. Assim, o parlamento é o resultado da agregação dos mais votados em cada distrito e o presidente é o mais votado entre os candidatos do território nacional.

No contexto do parlamentarismo, a representação parlamentar de pequenos partidos e grupos minoritários da sociedade depende da distribuição de votos pela circunscrição. Por exemplo, dois partidos (PX e PY) podem ter votações parecidas, com 5% cada. O partido PX recebeu votos de forma concentrada em poucos distritos, e o PY recebeu votos dispersos pelo território nacional. PX será mais bem-sucedido, já que M = 1 e, hipoteticamente, só há uma vaga parlamentar por distrito. PY, apesar de ter feito o mesmo percentual de votos, não chegou em primeiro lugar, pois os votos ficaram dispersos por todo o território nacional.

Lijphart (2003) afirma que o modelo majoritário tende a ser mais exclusivo, competitivo e conflitual. Alguns especialistas em sistemas eleitorais criticam o modelo majoritário, pois ele costuma produzir distorções quando comparamos a votação com a representação partidária. Nesse formato, várias minorias distritais são ignoradas, já que apenas os votos das maiorias são aproveitados. Essa diferença entre a votação do partido majoritário do minoritário poderia traduzir-se em grandes diferenças no número de cadeiras no parlamento. O autor também alerta que, em sociedades mais profundamente divididas, o governo majoritário implica não propriamente uma democracia, mas uma ditadura da maioria e um enfrentamento civil. O modelo de exclusão pode causar a perda do senso de lealdade ao regime. O modelo majoritário seria, então, incompatível com as necessidades de sociedades plurais, profundamente divididas (Lijphart, 2003).

No entanto, as justificativas mais utilizadas para contrapor as críticas se pautam no fato de os candidatos do partido nacionalmente minoritário poderem conquistar maiorias em outros distritos, angariar vagas, fazer oposição e tentar convencer o eleitorado a votar neles em futuras eleições para, assim, tornarem-se maiorias no futuro, em um contexto de parlamentarismo, ou eleger seu candidato a presidente no futuro, em um contexto de presidencialismo. Em verdade, costuma haver revezamento no poder em locais que adotam o princípio majoritário, seja no presidencialismo, como no caso dos EUA, que há anos alterna o poder entre o Partido Democrata e o Partido Republicano, seja no parlamentarismo, como no Reino Unido, que vem alternando o poder entre o Partido Conservador e o Partido Trabalhista há quase um século.

Outro argumento em defesa dos sistemas majoritários é que, além de facilitar a criação de maiorias governamentais, eles permitem maior controle e acompanhamento dos representantes pelos eleitores, não pela escolha da fórmula, mas pela magnitude do distrito – uninominal (M = 1). A eleição de um único parlamentar por distrito eleitoral torna mais fácil sua identificação pelos eleitores, possibilitando o acompanhamento do deputado, seu desempenho e sua produção legislativa. Nos países que adotam o sistema parlamentarista de governo, na formação de uma maioria parlamentar, o controle dos eleitores sobre o governo é maior, já que o voto no partido que vence as eleições geralmente equivale ao voto no governo. Isso gera mais facilidade para o eleitor acompanhar e recompensar/punir determinado governo do que os gabinetes de coalizão, como ocorre no Brasil, onde os eleitores têm pouco ou nenhum acesso às negociações realizadas pela coalizão dos partidos políticos que irão governar.

Há, como visto, ao menos três formas de as maiorias serem eleitas em um sistema majoritário. A de maioria simples seria o que no Brasil é conhecido, na política e na mídia, como *voto distrital*. Segundo Nicolau (2004), a proposta de adoção desse modelo nas eleições parlamentares foi defendida de maneira tímida na formulação da Constituição de 1988, mas foi derrotada ainda nas subcomissões da constituinte. Nesse sistema, o mais votado vence, seguindo algum dos três critérios de maioria (relativa, absoluta ou qualificada).

Nicolau (2004) dividiu o sistema majoritário para analisá-lo de maneira mais minuciosa da seguinte maneira: maioria simples, sistema de dois turnos e voto alternativo. A **maioria simples** elege o candidato mais votado em um distrito eleitoral. O **sistema de dois turnos**, para o Legislativo, segue o sistema de maioria simples: há a divisão do país em distritos uninominais, cada partido apresenta um candidato por circunscrição e os eleitores votam em apenas um candidato; o mais votado precisa receber mais de 50% dos votos, a maioria absoluta, e se isso não ocorrer, há uma nova eleição. Esse sistema é mais comum na eleição para o Executivo, mas alguns países o adotam também para as eleições parlamentares, como a França. Por fim, a última versão de sistema majoritário, o **voto alternativo**, garante a maioria absoluta dos votos em um único turno, havendo a transferência dos votos dos candidatos menos votados para outros, já que no momento de votar o eleitor ordena os candidatos. O candidato que receber mais de 50% na primeira preferência é eleito e, quando isso não acontece, há a transferência dos candidatos menos votados para os demais.

Na escolha do sistema eleitoral, as fórmulas e o tamanho do distrito influenciam na forma e na abrangência da representação, visto que, no caso da maioria simples, os outros votos acabam perdidos, gerando distorções. No sistema de dois turnos (que ocorre, sobretudo, nas eleições presidenciais), há a necessidade de o candidato ser eleito com a maioria absoluta, obtendo-se, assim, uma votação mais expressiva, mais próxima da vontade da população. No entanto, não há garantia de que o partido do presidente eleito receba a mesma votação para a formação do parlamento na votação dos deputados, e isso pode gerar dificuldades para o governo formar maiorias e aprovar sua agenda no Legislativo. O voto alternativo acaba garantindo que haja alta representatividade, embora ainda permaneçam as distorções em relação aos partidos, uma vez que a preferência é por candidato, e não por partido.

(4.2)
O PRINCÍPIO ELEITORAL PROPORCIONAL

Lijphart (2003) caracteriza o modelo consensual (proporcional), relativo ao comportamento dos partidos e dos sistemas partidários, da seguinte maneira: (a) o Poder Executivo é distribuído em amplas coalizões multipartidárias; (b) as relações entre o Executivo e o Legislativo são equilibradas; (c) os sistemas partidários são multipartidários; (d) os sistemas eleitorais são de representação proporcional; (e) os sistemas de grupo de interesses são coordenados e corporativistas, visando ao compromisso e à conciliação.

> O sistema eleitoral regido pelo princípio de decisão e de representação proporcional surgiu durante a Constituinte de Provença, em 1789, pensada pelo parlamentar francês Honoré Gabriel Riqueti de Mirabeau, e ganhou força na segunda metade do século XIX, na Europa. A principal preocupação era respeitar as feições geográficas e as particularidades de um território, levando em conta as diversas escolhas dos eleitores.
> Rege, nesse princípio, a ideia de que as proporções dos votos conquistados pelos vários competidores devem ser consideradas nas eleições. Para tanto, são utilizadas fórmulas eleitorais que definem um número de votos para que os candidatos sejam eleitos, a fim de se expressar proporcionalmente a votação em termos de cadeiras parlamentares. Essa fórmula pode ser, por exemplo, o quociente eleitoral, a média maior ou o resto maior (Lijphart, 2003; Cintra, 2006).

O sistema proporcional, como princípio de representação, considera que as eleições têm como finalidade representar no parlamento, dentro do possível, todos os grupos e as forças sociais existentes na sociedade, na proporção do respectivo apoio eleitoral. Assim, o parlamento deve ser um mapa mais próximo possível, um espelho, das reais divisões da sociedade, reproduzido em seus tamanhos relativos (Cintra, 2006). Há duas variantes da representação proporcional: o **sistema de lista** e o **voto único transferível**.

O voto único transferível (VUT), idealizado pelo jurista Thomas Hare em 1859, visa ao atendimento do desejo da maioria dos eleitores. Nesse sistema, o eleitor pode sinalizar na cédula os candidatos por ordem de preferência. Com isso, há um aproveitamento maior dos votos, pois atende-se à preferência dos eleitores de maneira mais certeira.

No sistema de VUT, o país pode ser dividido em vários distritos eleitorais, e os partidos podem lançar um número de candidatos correspondente ao número de cadeiras. Se são quatro cadeiras, por exemplo, cada partido poderá lançar até quatro candidatos.

A contagem de votos é a mais complexa dos sistemas. Há, em primeiro lugar, o cálculo de um quociente para a distribuição de cadeiras – muito semelhante ao do sistema de listas. No entanto, os votos dos candidatos de um mesmo partido não são agregados de nenhuma forma. Estabelecido o cálculo da cota de votos necessários para eleger um candidato, aqueles que o alcançarem são eleitos, e os votos que sobram são transferidos para os demais candidatos até que todas as vagas sejam ocupadas. A partir da ordenação de preferência dos eleitores, há a maximização dos votos, sem a concentração em determinado partido. O objetivo é que haja o máximo de representação de uma sociedade (mulheres, jovens, grupos étnicos etc.), e não necessariamente a contabilização perfeita de votos e cadeiras (Nicolau, 2004). A Irlanda foi o primeiro país a utilizar esse sistema, em 1921. Pela complexidade da contagem de votos, os distritos costumam ter magnitude de até cinco cadeiras.

A representação proporcional de lista é, de longe, a mais utilizada nas democracias ocidentais. Seu objetivo é distribuir as vagas do parlamento tendo os partidos como ponto central, já que se pressupõe que o sistema eleitoral serve para representar as opiniões da sociedade expressadas pelos partidos políticos. Nesse modelo, é calculada a quantidade de votos que os candidatos precisam atingir para serem eleitos, e depois a cota que cada partido deve atingir para eleger algum candidato. Nicolau (2015) descreve que cada partido deve apresentar uma lista de candidatos no pleito e a distribuição deve obedecer à ordem condicionada pelos eleitores. Contudo, isso não é tão simples assim: há uma série de fatores que incidem na representação proporcional de lista e que fazem parte de seu funcionamento – a fórmula eleitoral, a magnitude dos distritos, a cláusula de exclusão, a possibilidade de coligações entre partidos e as regras para a escolha de candidatos na lista (Quadro 4.1).

Quadro 4.1 – Variáveis que incidem na representação proporcional de listas

Fórmula eleitoral	As fórmulas eleitorais são divididas em dois grupos: o dos divisores e o dos quocientes. Quando há a adoção de divisores, os votos dos partidos totalizados no distrito são divididos por uma série crescente de divisores, que pode ser d'Hondt (1, 2, 3...) ou o Sainte Langue (1, 3, 5...).
Magnitude dos distritos	Quando maior for a magnitude (maior o número de cadeiras), mais chances os partidos políticos terão e maior será a proporcionalidade. A configuração dos distritos interfere na representação partidária, visto que os menores distritos terão magnitude menor e os pequenos partidos terão menos chance, diferentemente dos de alta magnitude.
Cláusula de exclusão	A cláusula de exclusão é um fator que impacta diretamente a representação dos partidos políticos, já que é estabelecido um critério que funciona como filtro na passagem dos partidos para a contagem dos votos. Geralmente, a cláusula de exclusão é operacionalizada, definindo-se um percentual de votos que os partidos precisam atingir para ter direito a cadeiras no parlamento. Caso não atinjam esse percentual, as cadeiras são transferidas a outros partidos.

(continua)

(Quadro 4.1 – conclusão)

Coligações	Em muitos países, os partidos fazem coligações eleitorais para disputar as eleições no Legislativo – como no Brasil. Os partidos disputam de forma autônoma, mas têm seus votos agregados no momento da apuração, para o cálculo do preenchimento de vagas.
Regras da escolha de candidatos nas listas	Para definir quem de cada partido será selecionado para compor a lista, o sistema eleitoral adota alguns critérios, como os tipos de lista, que podem ser aberta ou fechada. Na aberta, quem ordena a lista é o próprio eleitor; já na fechada, é fortalecida a competição entre partidos, e não entre candidatos, pois a lista é preordenada pelos partidos antes das eleições – assim, o eleitor vota em um dos partidos e as vagas são ocupadas de acordo com isso. Há outros tipos de lista que flexibilizam a lista fechada e preordenada. Em alguns casos, o eleitor pode mexer com a ordem já fixada, colocando, por exemplo, um número na frente dos candidatos, ordenando-os ou dando um voto personalizado a um ou mais candidatos da lista (voto preferencial). Há casos em que o eleitor pode riscar nomes que não gostaria que estivessem na lista, o que constitui uma lista semiaberta.

Fonte: Elaborado com base em Cintra, 2006 e Nicolau, 2015.

Algumas críticas são realizadas à representação proporcional, como a dificuldade na formação de coalizões para governar e a impossibilidade, muitas vezes, de implementar projetos partidários de governo, uma vez que um partido de esquerda ou de direita, por exemplo, precisa negociar apoio com partidos de centro, o que geralmente significa abdicar de projetos mais ideológicos. Outro ponto bastante abordado é que a adoção de distritos de alta magnitude, com muitos candidatos e muitos eleitos, diminui a conexão dos eleitores com seus parlamentares, pelo esquecimento ou mesmo pela dificuldade em identificar o candidato eleito, podendo haver ausência de punição ou recompensa nas eleições subsequentes. Por fim, há os sistemas mistos, que envolvem os dois sistemas (majoritário e proporcional).

> **Para saber mais**
>
> Sobre os sistemas eleitorais, sugerimos a leitura do livro *Sistemas eleitorais*, do cientista político brasileiro Jairo Nicolau. Para aprofundar seus conhecimentos a respeito do sistema brasileiro, sugerimos a leitura do livro *Representantes de quem? Os (des)caminhos do seu voto da urna à Câmara dos Deputados*.
>
> NICOLAU, J. **Sistemas eleitorais**. 5. ed. rev. e atual. Rio de Janeiro: FGV, 2004.
>
> _____. **Representantes de quem?** Os (des)caminhos do seu voto da urna à Câmara dos Deputados. São Paulo: Zahar, 2017.

(4.3)
Os sistemas mistos

O sistema misto surgiu na Alemanha Ocidental após a Segunda Guerra Mundial, com o objetivo de conciliar os princípios majoritário e proporcional. Para isso, foi deliberado que metade dos representantes do legislativo federal deveriam ser eleitos pelo critério majoritário, em distritos uninominais (M = 1). Para o restante, deveria ser adotado o princípio proporcional: os eleitores votavam em listas fechadas e preordenadas, apresentadas em nível estadual. No entanto, o cálculo do número de vagas de cada partido era definido pela fórmula proporcional, pelo quociente partidário. Mais nações têm assumido o modelo misto, tais como a Nova Zelândia, a Itália e a Rússia.

Sistemas mistos são, como é possível perceber, a união dos princípios majoritário e proporcional para as eleições de um mesmo cargo. Eles podem ocorrer de maneira distinta do caso alemão, em distritos plurinominais ou uninominais, em que é frequente a combinação de representação proporcional de lista com o sistema de maioria simples, por exemplo. Nicolau (2004) distingue em dois os tipos mistos em: **sistema misto de superposição** e **sistema misto de correção**.

> Os sistemas mistos são a união dos princípios majoritário e proporcional para as eleições de um mesmo cargo.

O sistema misto de superposição ocorre quando os candidatos são eleitos com base em duas fórmulas, e a parte proporcional não se altera com a majoritária, já que há os eleitos pela fórmula proporcional e os eleitos pela fórmula majoritária. Já o sistema misto de correção, apesar de também apresentar duas fórmulas, determina algum tipo de associação entre ambas – como a proporcional ter o papel de corrigir as distorções produzidas pela majoritária, o que ocorre na Alemanha, por exemplo. Nesse sistema, as vagas são distribuídas nacionalmente ou no âmbito regional aos votos dados na lista, proporcionalmente. Depois, os partidos que venceram nos distritos uninominais têm suas cadeiras garantidas; as restantes são distribuídas aos primeiros candidatos da lista. Os sistemas mistos procuram equilibrar os efeitos de ambos os princípios, embora, muitas vezes, sejam de difícil operacionalização e entendimento por parte do eleitor.

Estudo de caso

Dinâmica das coalizões no parlamentarismo e no presidencialismo

Para resumir algumas características colocadas por Lijphart (2003) no início deste capítulo, bem como para melhor entender a aplicação dos princípios eleitorais majoritário, proporcional e mistos nas eleições de um país, examinaremos o funcionamento do sistema de governo.

No caso de muitos sistemas de governo parlamentaristas (como os dos países da Comunidade das Nações), o parlamento é eleito via voto popular por maioria simples. O partido majoritário indica um nome ao cargo de Primeiro-Ministro, que é o chefe de governo, e o Executivo é geralmente formado por membros do próprio parlamento. O chefe de Estado em um sistema parlamentarista tem poderes limitados e, na maioria das vezes, apenas simbólicos, tal como em monarquias parlamentaristas, em que o papel de chefe de Estado cabe ao monarca. Em repúblicas parlamentaristas, essa função é exercida por um presidente escolhido via voto popular ou pelo parlamento.

Na maior parte dos países da Europa Continental, como Alemanha, Portugal, Itália e Espanha, os deputados são eleitos pelo sistema eleitoral proporcional, geralmente de lista fechada. Isso faz com que o processo de formação de coalizões de governo seja bastante complicado, resultando até mesmo em impasses políticos. Por isso, nesses países vigora o modelo consensual de democracia: os gabinetes resultam de amplas negociações entre os partidos e os sistemas partidários são fragmentados.

No sistema presidencialista, o chefe do Executivo é eleito pelo voto popular, frequentemente pelo princípio majoritário de dois turnos, pelo qual o candidato eleito deve ter mais de 50% dos votos.

O presidente exerce funções de chefe de governo e de Estado, atua no Executivo, tem poder autônomo e distinto do Legislativo e do Judiciário. Diferentemente do parlamentarismo, no sistema presidencialista, o presidente não depende da confiança do Legislativo para a sobrevivência de seu cargo. No entanto, para que o sistema político funcione no presidencialismo, é preciso que ambos os poderes (Executivo e Legislativo) caminhem com o mínimo de harmonia, apesar de haver, geralmente, o predomínio do Executivo.

Há sistemas presidencialistas com sistema bipartidário ou multipartidário, como nos Estados Unidos e no Brasil, respectivamente. Um presidencialismo que opera com um multipartidarismo, como o brasileiro, com diversos partidos representados na Câmara dos Deputados, é chamado de *presidencialismo de coalizão* – conceito criado pelo politólogo Sérgio Abranches (1988) para elucidar o caso brasileiro.

No presidencialismo de coalizão, dificilmente o partido do presidente consegue alcançar uma maioria sozinho para aprovar seus projetos no Legislativo. Para o Executivo ter êxito nas relações com o Congresso, é necessária uma grande coalizão, ou seja, uma aliança do partido do Executivo com outros partidos que foram eleitos para o Legislativo nacional.

Esses casos servem para ilustrar a tese de que, tanto nos sistemas de governo presidencialistas quanto nos parlamentaristas, há possibilidade de formação de coalizões. Embora a dinâmica dessa formação nos dois sistemas de governo seja bastante diferente, as características do sistema partidário e dos partidos influenciam bastante seu grau de sucesso. Em caso de sistemas partidários institucionalizados e menos fragmentados, os custos da coalizão tendem a ser menores. Entretanto, uma diferença importante entre os dois sistemas é que, no parlamentarismo, quando o chefe de governo perde maioria parlamentar, pode ser destituído mediante um simples voto de censura do parlamento; no presidencialismo, esse processo de destituição é feito mediante processo de *impeachment*, que pode ser bastante traumático e se prolongar no tempo, como já ocorreu no Brasil e em outros países da América Latina.

Síntese

Neste capítulo, tratamos sobre os princípios eleitorais que formam os sistemas majoritários, proporcionais e mistos, *lócus* privilegiado de atuação dos partidos políticos. As regras eleitorais são importantes variáveis em um regime de democracia representativa, que é o modelo dominante no mundo ocidental, as quais podem influenciar o número de partidos de um sistema partidário.

Ainda, constatamos que o sistema eleitoral é formado por regras eleitorais aplicadas em um sistema político caracterizado pela região geográfica em que os representantes são eleitos, pelos graus de liberdade dados aos eleitores e pela maneira de transformar votos em vagas no Executivo e no Legislativo. Essas regras são definidas com base nos princípios majoritário e proporcional, que formam três tipos de sistema eleitoral: os majoritários, os proporcionais e os mistos.

Questões para revisão

1. Sobre as características do sistema eleitoral de princípio majoritário, assinale a alternativa correta:
   a) Os sistemas eleitorais de princípio majoritário atendem à maior quantidade de minorias.
   b) As eleições realizadas pelo princípio proporcional são realizadas por maioria relativa.

c) O princípio majoritário costuma ser mais combativo e exclusivo por resultar em minorias não atendidas, uma vez que seu voto é "jogado fora".

d) Os sistemas parlamentaristas costumam operar com base no sistema proporcional.

2. Sobre o modelo de sistema eleitoral proporcional, assinale a alternativa correta:
   a) Trata-se de um modelo pouco utilizado.
   b) Refere-se às regras de maioria simples, relativa ou qualificada.
   c) Diz respeito ao tipo que costuma engendrar combates e exclusões.
   d) Refere-se ao modelo que distribui as vagas eletivas de forma proporcional à quantidade de votos.

3. De acordo com os modelos majoritário e consensual de democracia de Lijphart (2003), assinale a alternativa correta:
   a) O modelo consensual é caracterizado, entre outras coisas, por ter sistemas eleitorais de representação majoritária.
   b) O modelo consensual, que opera pelo sistema proporcional, costuma distribuir o poder em amplas coalizões multipartidárias.
   c) Os sistemas partidários costumam ser multipartidários nos modelos majoritários e bipartidários nos modelos proporcionais.
   d) O modelo majoritário opera em gabinetes multipartidários, de acordo com a coalizão formada pelo chefe de governo escolhido no parlamento.

4. Quais são as opções possíveis de contagem de votos?

5. Explique quais tipos de maioria e quantos turnos podem haver no sistema majoritário.

Questão para reflexão

1. No Brasil, opera-se o multipartidarismo e a representação proporcional, fruto, além de escolhas políticas, de uma sociedade heterogênea. A representação proporcional é de lista aberta, ou seja, quem faz a ordem dos candidatos é o próprio eleitor – o "rankeamento" dos eleitos é produto da ordem de votação recebida pelos partidos e pelos candidatos. No caso das eleições proporcionais, nas quais são permitidas coligações entre partidos, há, eventualmente, aquilo que comumente é chamado de *efeito Tiririca*: um candidato recebe tamanha votação acima do quociente eleitoral que elege outros candidatos de seu partido ou de sua coligação, mesmo que estes tenham recebido menos votos individualmente que outros candidatos das demais coligações. O que também pode ocorrer nas coligações em eleições proporcionais é o eleitor eleger, com o voto, um candidato de um partido ideologicamente diferente do que votou, porque o ordenamento da lista une todos os partidos de uma única coligação, o que torna possível a transferência de votos. O eleitor pode votar, para a Câmara dos Deputados, em um candidato do Democratas e ajudar a eleger um deputado do Partido Comunista do Brasil, se ambos estiverem coligados, como ocorreu na coligação "Frente Popular de Pernambuco", nas eleições para a Câmara dos Deputados em 2014 (Nicolau, 2017).

Analisando o caso exposto, como esse tipo de distorção da representação poderia ser corrigido?

Karolina Mattos Roeder e Sérgio Braga

Capítulo 5
Os efeitos do sistema eleitoral no sistema partidário

Conteúdos do capítulo:

- Efeitos dos sistemas eleitorais nos sistemas partidários.
- Leis de Duverger.
- Efeitos das regras eleitorais no número de partidos.
- Tipos de fragmentação partidária.

Após o estudo deste capítulo, você será capaz de:

1. Identificar os efeitos das regras eleitorais no número de agremiações nos sistemas partidários.
2. Compreender as Leis de Duverger.
3. Distinguir os efeitos psicológicos e mecânicos no processo de fragmentação partidária.

Neste capítulo, analisaremos como as regras definidas pelos sistemas eleitorais impactam o sistema partidário. É consenso que a representação política está estreitamente associada às relações e aos problemas existentes entre os sistemas eleitorais e os partidários. Quem inaugurou a discussão mais sistemática da relação entre os dois sistemas foi Maurice Duverger (1917-2014), motivo pelo qual abordaremos seus pressupostos, o que são as Leis de Duverger e as consequências do sistema eleitoral no partidário.

(5.1)
As Leis de Duverger

Os sistemas eleitoral e partidário estão sempre associados e, na ciência política, há uma vasta gama de pesquisas sobre os impactos das regras eleitorais no número de partidos, que constitui importante fator para a estabilidade do sistema político e a capacidade governativa (Przeworski, 2005).

O modo tradicional de analisar um sistema partidário é com base no número de partidos políticos que nele estão contidos. A distinção comum é entre sistemas bipartidários e sistemas com mais de dois partidos. O **bipartidarismo** tem caráter natural para Duverger (1980), pois, segundo o autor, as grandes questões políticas se apresentam de forma dual. O fenômeno de polarização inclina naturalmente o corpo político ao dualismo, ou seja, ao bipartidarismo:

> *Através da história, todas as grandes lutas de facções foram dualistas: armagnacs e borguinhões, guelfos e gibelinos, católicos e protestantes, girondinos e jacobinos, conservadores e liberais, burgueses e socialistas, ocidentais e comunistas, todas essas oposições estão simplificadas, apenas, entretanto, pela atenuação das distinções secundárias. Todas as vezes*

que se coloca ante grandes problemas de base, a opinião pública tende a cristalizar-se em torno de dois polos opostos. O movimento natural das sociedades orienta-se para o bipartidarismo, podendo, evidentemente, ser contrariado por tendências inversas [...]. (Duverger, 1980, p. 252)

> As tendências inversas são resumidas em sobreposição de dualismos e sinistrismo. Essas tendências levam, segundo Duverger, ao multipartidarismo. O bipartidarismo é, portanto, a regra, e o multipartidarismo é a tendência.

Imaginemos que um partido de centro assume o governo e perde uma facção que estava mais à esquerda, contrariada com a moderação adotada pelo partido. Então, esse grupo mais à esquerda forma um novo partido e, sendo bem-sucedido nas eleições, toma medidas moderadas, perdendo também uma fração do partido mais à esquerda, e assim por diante, criando, com isso, uma infinidade de partidos. É isso o que Duverger chama de *sinistrismo*.

Já a **sobreposição de dualismos** ocorre quando as lutas políticas se desdobram em várias dimensões, criando polarizações diante das quais os partidos se posicionam programaticamente. Essa fragmentação entre dois ou diversos partidos e o caráter natural atribuído ao bipartidarismo viabilizaram a ligação da ideia de estabilidade democrática ao número de partidos. Nessa perspectiva, os sistemas bipartidários com governos unipartidários levam maior prestação de contas aos eleitores e admitem a alternância no poder e a competição moderada em torno do centro. Os sistemas multipartidários, que geralmente requerem um governo de coalizão, não costumam dar voz aos eleitores na formação dos governos, não facilitam a alternância do poder e favorecem confrontos ideológicos extremistas entre partidos de base mais restrita[1] (Guarnieri, 2015). As variáveis que incidem sobre o número de partidos de um sistema podem ser de ordem socioeconômica, ideológica ou técnica. Entretanto, para Duverger (1980), como já sugerimos, os fatores mais importantes para a determinação do número de partidos são os de ordem técnica, como os sistemas eleitorais. Em sua obra *Os partidos políticos*, uma das principais inovações analíticas foi justamente a dos impactos das regras eleitorais sobre a estrutura da representação política, que ficou conhecida como **Leis de Duverger**. Essa leis geraram uma grande polêmica nos estudos sobre os sistemas partidários e os processos de representação política que se mantêm até os dias de hoje.

Como visto, para Duverger (1980), o bipartidarismo é natural e as opções políticas ocorrem de maneira dualista, refletindo ou não em organizações partidárias. O autor pretende entender, por meio dessa análise, por que esse caráter natural se revela em alguns países e em outros não, e por que alguns países se transformam em sistemas multipartidários. Para ele, a resposta está no sistema eleitoral, pois, considerando os efeitos do tipo de voto, torna-se possível explicar a estrutura da representação parlamentar e do sistema partidário. O cientista político estadunidense **William H. Riker** (1920-1993) denominou, em 1982, as proposições de Duverger como *hipóteses* e como *lei sociológica* (Grofman; Lijphart, 2003).

As proposições de Duverger que explicam o número de partidos em um sistema em sua formulação original são:

---

[1] Aqui nos referimos aos Executivos formados por meio do modelo majoritário ou proporcional, não ao Legislativo, que pode ser mais proporcional quando eleito por esse princípio.

a) o sistema majoritário de um só turno tende ao dualismo dos partidos (bipartidarismo);
b) o sistema majoritário de dois turnos e a representação proporcional tendem ao multipartidarismo.

Posteriormente, Duverger modificou ligeiramente suas leis, desdobrando a segunda lei em duas, a fim de qualificar melhor os efeitos dos sistemas eleitorais sobre os sistemas partidários. As três leis de Duverger (1970, p. 241) são as seguintes:

a. *O sistema majoritário de um só turno tende ao dualismo dos partidos, com alternância de grandes partidos independentes;*
b. *O sistema majoritário de dois turnos tende a um sistema de partidos múltiplos, flexíveis, dependentes e relativamente estáveis;*
c. *A representação proporcional tende a um sistema de partidos múltiplos, rígidos, independentes e estáveis.*

Dessa forma, Duverger (1970) teoriza que o sistema eleitoral atua no sistema partidário com base em efeitos mecânicos e psicológicos das regras da competição eleitoral.

5.1.1 O EFEITO MECÂNICO

Duverger define como *efeito mecânico* a tendência que os eleitores têm de sub-representar os partidos pequenos e sobrerrepresentar os grandes (Nicolau; Schmitt, 1995). A desproporcionalidade pode ocorrer em diversos distritos ou em um único distrito nacional, quando os partidos recebem votações abaixo do quociente eleitoral, o que ocorre mesmo quando se utiliza uma fórmula altamente proporcional. Observa-se o efeito mecânico quando se compara o percentual de votos com o de cadeiras de cada partido: os maiores partidos tendem a ser beneficiados com mais cadeiras que os menores – que acabam penalizados –, algo que acontece de maneira mecânica, como consequência direta das regras eleitorais.

5.1.2 O EFEITO PSICOLÓGICO

O efeito psicológico de Duverger opera na concretização do efeito mecânico: diante da punição aos menores partidos, os eleitores, adotando um comportamento estratégico, deixam de votar em partidos que estavam sub-representados na eleição anterior. Para isso, os eleitores utilizam um mecanismo chamado de *voto útil*, que consiste na troca de seu candidato preferido por outro com maiores possibilidades de vitória, a fim de não desperdiçar seu voto. O efeito psicológico reforça a sub-representação (gerada pelo efeito mecânico) dos partidos pequenos em número de cadeiras. No decorrer do tempo, esses partidos perdem o pouco da força que têm e o leque de partidos políticos se estreita, primeiro no âmbito distrital, e posteriormente no nacional, até que o cenário político esteja reduzido a dois partidos.

> **Para saber mais**
>
> Sobre os efeitos do sistema eleitoral no partidário e as Leis de Duverger, sugerimos a leitura da segunda parte do livro *Os partidos políticos*, de Duverger, em que o autor descreve suas proposições e as exemplifica com casos específicos.
>
> DUVERGER, M. **Os partidos políticos**. Tradução de Cristiano Monteiro Oiticica. 2. ed. Rio de Janeiro: Zahar; Ed. UnB, 1980.

(5.2)
A FRAGMENTAÇÃO PARTIDÁRIA

Em virtude dos efeitos mecânicos e psicológicos das regras de competição eleitoral, as eleições majoritárias de turno único levam ao bipartidarismo; e as eleições majoritárias de dois turnos e as eleições proporcionais em distritos de grande magnitude conduzem ao multipartidarismo. Assim, o bipartidarismo seria produzido pelo sistema eleitoral majoritário de um turno por meio dos efeitos mecânico e psicológico, que influenciam as decisões dos dirigentes partidários e dos eleitores, incentivados a votar nos partidos mais competitivos para derrotar o adversário mais bem posicionado (o chamado *voto útil*), assim como a formar organizações maiores para amealharem mais votos do eleitorado.

Por esses motivos, para Duverger (1980), em países em que há um sistema eleitoral **majoritário de um turno**, como os Estados Unidos e o Reino Unido, o sistema partidário tende a funcionar em torno de dois grandes partidos, embora possam ter características distintas – descentralizados e pouco disciplinados, como no caso dos partidos norte-americanos; ou centralizados e disciplinados, a exemplo dos partidos ingleses.

Em um contexto em que vigora um sistema **majoritário de dois turnos** (como na França), ou um sistema de **representação proporcional** puro ou misto (como na Itália e na Alemanha), não há motivos para os dirigentes e os eleitores coordenarem estratégias e votos, já que os custos de entrada na disputa eleitoral são baixos e os mecanismos identificados por Duverger não operam. Assim, os dirigentes partidários têm maior propensão a lançar candidatos por partidos diferentes; e os eleitores, a votar em partidos de sua preferência, independentemente da possibilidade de ganhar ou não as eleições – afinal, eles terão maior probabilidade de conseguir uma representação no parlamento devido à lógica da distribuição de cadeiras.

As Leis de Duverger provocaram uma longa polêmica na ciência política, que permanece ainda hoje. Com efeito, a questão dos efeitos das leis eleitorais sobre os processos de representação política e sobre o sistema partidário é uma das mais complexas debatidas pelos politólogos. Uma tentativa simultânea de criticar e de aperfeiçoar as Leis de Duverger foi efetuada por Sartori em um importante trabalho intitulado *Engenharia constitucional comparada: como mudam as constituições* (1996). Também há um livro organizado por Grofman e Lijphart (2003) em que é feita uma série de reparos às correlações empreendidas por Duverger, embora sua validade geral seja postulada. Para tornar as Leis de Duverger mais flexíveis, Sartori propôs uma revisão que inclui duas proposições de tendência, resumidas por Nicolau e Schmitt (1995, p. 95) da seguinte forma: "a) As fórmulas de maioria simples favorecem um formato bipartidário e dificultam o multipartidarismo. b) As fórmulas de representação proporcional favorecem o multipartidarismo e dificilmente produzem bipartidarismo".

Fernando Guarnieri (2015) ressalta que, para Sartori, há um problema de natureza lógica na Lei de Duverger, presente na afirmação de que o sistema eleitoral majoritário de um turno é condição necessária e suficiente ao bipartidarismo. Guarnieri (2015, p. 80) conclui que,

> *Para Sartori, esse tipo de sistema é necessário mas não suficiente, pois ele se aplica no nível local, onde se dá a decisão do eleitor. Portanto, não explica o bipartidarismo no nível nacional, mas sim local. Para essa explicação será necessária a intervenção de outra condição necessária, o tipo de sistema partidário.*

O impacto, nessa perspectiva, ocorre de maneira diferente. Nos sistemas partidários fortes, acontece quando há vínculos fortes com o eleitor – partidos de massas, por exemplo –, ou quando há vínculos fracos – quando predominam os vínculos pessoais, dependendo da influência no comportamento do candidato. Sistemas eleitorais fortes com sistemas partidários fortes resultariam, de acordo com Sartori, na redução do número de partidos; por sua vez, sistemas eleitorais fracos com sistemas partidários fortes resultariam também na redução de partidos, mas apenas em âmbito local.

Sartori (2003) também aperfeiçoa o modelo de Duverger e distingue os conceitos de *polaridade* e *polarização*, avançando no debate da fragmentação partidária ao chamar a atenção para o número de partidos e a distância ideológica entre eles. Segundo Guarnieri (2015, p. 78), "Esses dois critérios não seriam independentes e sistemas multipartidários tenderiam à maior polarização. Essa distinção permitiu a Sartori classificar os sistemas partidários em sistemas de dois partidos e sistemas com até cinco partidos como moderados". Sartori (2003) assim classifica os sistemas partidários: (a) mecânica/sistema bipartidária(o), em que há a alternância bipolarizada de um partido no governo; (b) mecânica/sistema de multipartidarismo moderado, com mudanças entre os governos; (c) mecânica/sistema de multipartidarismo polarizado, com competição multipolarizada, até mesmo com partidos antissistema; (d) mecânica/sistemas de partidos dominantes.

A explicação sobre o bipartidarismo se deslocar do âmbito local (distrital) para o nacional também se encontra fora da dinâmica do sistema eleitoral. Tanto Duverger (1980) quanto Sartori (2003) entendem que fatores exógenos explicam tal fenômeno, que estaria na base do mecanismo de transformação de preferências eleitorais em representação política.

Nicolau e Schmitt (1995, p. 133) refazem os caminhos de Duverger e descrevem que, para o autor, faz-se necessária "a centralização e nacionalização de duas grandes organizações partidárias" em um nível adequado. Já Sartori, na perspectiva desses autores, entende como fundamental a existência de um sistema partidário estruturado pela distribuição geográfica do voto e pela presença de clivagens sociais, com dois partidos agrupando esses contingentes (e um terceiro com poucos votos em vários distritos eleitorais). A concentração de pluralidade em distritos particulares, derivada de ideologias marginais, seria o pior cenário na formação de um sistema partidário.

> Sartori aperfeiçoa o modelo de Duverger e distingue os conceitos de *polaridade* e *polarização*, avançando no debate da fragmentação partidária ao chamar a atenção para o número de partidos e a distância ideológica entre eles.

Com isso, Sartori (2003) conclui que os efeitos mecânico e psicológico em um sistema majoritário ocorrem no âmbito distrital, que a tendência ao bipartidarismo opera também no âmbito local e que a existência de um bipartidarismo nacional deve-se a fatores exógenos ao sistema eleitoral, como "a distribuição geográfica do voto, dispersão de minorias, e nacionalização dos partidos" (Nicolau; Schmitt, 1995, p. 134). Com base na obra de Sartori (2003), os autores ainda apontam que o sistema proporcional não é o causador da fragmentação do sistema partidário. O que ocorre é que o sistema majoritário força a redução de um sistema natural de partidos, influenciado pelos efeitos mecânicos e psicológicos da Lei de Duverger.

Estudo de caso

Os pressupostos de Duverger (1980) foram submetidos a vários testes empíricos. Em um dos mais exaustivos e sistemáticos, Lijphart (2003) examinou 22 democracias e concluiu que apenas duas se desviavam desses pressupostos: o Canadá e a Áustria. Os outros 20 países corroboraram as hipóteses de Duverger. O caso brasileiro é um bom exemplo de aplicação das Leis de Duverger, visto que o país tem um sistema proporcional de lista aberta que favorece a fragmentação partidária e um sistema multipartidário com, atualmente, 35 partidos políticos eleitorais, segundo dados do Tribunal Superior Eleitoral (TSE), e altos índices de fragmentação partidária e partidos efetivos. Alguns autores chegam a afirmar que o Brasil é o país com o sistema partidário mais fragmentado do mundo, o que pode ser explicado pelas características da legislação eleitoral brasileira.

Síntese

Neste capítulo, apresentamos um modelo analítico das relações entre os sistemas eleitorais e os partidários: as Leis de Duverger. Para esse autor, o bipartidarismo é um atributo natural dos diversos sistemas políticos, já que as lutas políticas sempre ocorreram de forma dual, em uma dinâmica de situação *versus* oposição. Tendências inversas levam ao multipartidarismo: ao sinistrismo, quando ocorre dissidências em um partido e outros partidos surgem; e à sobreposição de dualismos, quando há vários partidos de esquerda, de extrema esquerda, de direita e de extrema direita disputando o mesmo espaço.

    O multipartidarismo e o bipartidarismo estão relacionados ao sistema eleitoral adotado por um país. Assim, as proposições de Duverger (1980) definem que o sistema majoritário de um só turno conduz ao bipartidarismo; e o sistema majoritário de dois turnos e o sistema proporcional tendem ao multipartidarismo. Isso ocorre por conta de dois efeitos das regras eleitorais: o mecânico e o psicológico. Por fim, examinamos o posicionamento de Sartori (2003), a fim de flexibilizar a teoria de Duverger para aplicação empírica.

Questões para revisão

1. A respeito dos sistemas bipartidários e multipartidários, assinale a alternativa correta:
   a) Nos governos com sistemas bipartidários, há maior prestação de contas aos eleitores.
   b) Os governos bipartidários são organizados por meio de uma grande coalizão.
   c) O multipartidarismo é natural dos sistemas partidários.
   d) O bipartidarismo é natural devido a variáveis econômicas e ambientais.

2. Sobre as Leis de Duverger (1980), assinale a alternativa correta:
   a) O sistema majoritário de dois turnos e o sistema proporcional tendem ao bipartidarismo, e o sistema majoritário de um só turno tende ao multipartidarismo.
   b) O sistema majoritário de um turno e o sistema de representação proporcional tendem ao multipartidarismo.
   c) O sistema majoritário de dois turnos e o sistema proporcional tendem ao multipartidarismo, e o sistema majoritário de um turno tende ao bipartidarismo.
   d) O sistema bipartidário é resultado do sistema eleitoral proporcional ou do sistema majoritário de um turno.

3. De acordo com a revisão das Leis de Duverger realizada por Sartori (2003), assinale a alternativa correta:
   a) As fórmulas de representação majoritária beneficiam o modelo multipartidário, e as fórmulas de representação proporcional favorecem o modelo bipartidário.
   b) As fórmulas de representação tanto majoritária quanto proporcional favorecem o multipartidarismo.
   c) As fórmulas de maioria relativa beneficiam um formato proporcional, e as fórmulas de representação proporcional favorecem o bipartidarismo.
   d) As fórmulas de maioria simples beneficiam o surgimento do bipartidarismo e dificultam o multipartidarismo, e as fórmulas de representação proporcional favorecem o multipartidarismo e dificilmente produzem bipartidarismo.

4. O que significa *sinistrismo* e quais são suas consequências?

5. Por que o bipartidarismo é natural para Duverger (1980)?

Questão para reflexão

1. As Leis de Duverger mostram que há tendências de ordem eleitoral que levam a mudanças no número de partidos nos sistemas partidários. O sistema eleitoral majoritário, por exemplo, conduz a um natural bipartidarismo; o sistema proporcional, por sua vez, tende ao multipartidarismo, tendo em vista os efeitos mecânico e psicológico. Sartori (2003) refinou a teoria de Duverger ao realizar uma nova tipologia de sistemas partidários, com pluralismo moderado e polarizado e sistema de partidos dominantes – a polarização seria maior nos sistemas multipartidários. Sartori (2003) afirma que

sistemas fracos e fortes também resultam do tipo de partido predominante no sistema. Essas características configuram os sistemas partidários – além do que já havia sido colocado por Duverger.

Reflita sobre a relação entre sistema político e sistema partidário no cenário brasileiro. O sistema partidário hiperfragmentado pode ser uma consequência do sistema proporcional de partidos fracos?

Capítulo 6
Representação e crise partidária

Conteúdos do capítulo:

- Estudos clássicos sobre a representação dos partidos.
- Tipos de governos representativos.
- Mudanças dos tipos de representação e quadro atual.
- Crise nos partidos políticos.

Após o estudo deste capítulo, você será capaz de:

1. conceituar *representação*;
2. apresentar as formas de governo representativo;
3. identificar os processos que modificaram o tipo de representação partidária;
4. discutir os atuais estudos sobre partidos e a crise na função representativa.

Partidos políticos devem ser entendidos como elementos de mediação entre a sociedade e o Estado. Entre suas funções, está a representação da população e a ocupação e gestão dos governos. Essas organizações sofrem influência de outros fatores, como do sistema e do ambiente eleitoral, e detêm o monopólio na mediação do acesso ao poder nas democracias liberais, já que não existe democracia sem essas organizações (Schattschneider, 1942) – embora o inverso não seja necessariamente verdadeiro.

No entanto, muitos pesquisadores têm apresentado evidências da ocorrência, desde o final do século XX, de um crescente declínio dos partidos políticos nas atuais democracias. O número de membros diminuiu e a população parece estar mais cética em relação à política partidária, pois tem se tornado frequente na mídia a divulgação de escândalos de corrupção envolvendo partidos políticos. É evidente em quase todas as democracias avançadas a existência de um padrão de declínio ou de transformação no papel desempenhado pelos partidos políticos (Dalton; Wattenberg, 2000). Assim, analisaremos neste capítulo as formas de governos representativos e as principais teses sobre a crise de representação dos partidos.

> *Partidos políticos* devem ser entendidos como elementos de mediação entre a sociedade e o Estado.

(6.1)
MANIN E OS GOVERNOS REPRESENTATIVOS

O politólogo francês **Bernard Manin** (1951-), autor do livro *Princípios do governo representativo* (1991) e do artigo *As metamorfoses do governo representativo* (1995), discorre sobre a questão da representação nos governos. Inicialmente, o autor define quatro elementos constitutivos do governo representativo, os quais se contrapõem ao modelo de democracia direta, defendido, por exemplo, pelo filósofo Jean-Jacques Rousseau (1712-1778):

1. **Eleições de representantes:** baseia-se na premissa de que, de maneira geral, não existe representação quando os governantes não são periodicamente eleitos pelos governados. As eleições, nesse sentido, são basicamente um método de escolha dos que devem governar (ou das elites governantes) e de legitimação de seu poder. Outro requisito desse sistema é a desnecessidade de as elites dirigentes serem semelhantes, do ponto de vista sociológico, aos cidadãos que as elegem – não há incompatibilidade alguma entre representação e governo de elites.

2. **Independência parcial dos representantes:** segundo esse princípio, os representantes conservam uma independência parcial diante das preferências dos eleitores, e isso se traduz na rejeição de duas práticas que privariam os representantes da autonomia de ação: os mandatos imperativos e a revogabilidade permanente e discricionária dos eleitos (o *"recall"*). Tais instruções ou mandatos imperativos vigoravam em democracias estamentais, como a dos Estados-gerais franceses, que foi abolida pelos revolucionários em julho de 1789.

3. **Liberdade da opinião pública:** trata-se de um princípio-chave, segundo o qual a opinião pública sobre assuntos políticos pode se manifestar independentemente do controle do governo, o que implica obediência a dois subprincípios correlatos: a publicidade e o acesso público às informações; e a liberdade de expressão de opiniões políticas. Essa liberdade de opinião impede a representação absoluta das elites dirigentes pelos cidadãos, pois estes devem obediência absoluta aos representantes eleitos e não podem divergir deles.

4. **Debate parlamentar ou público:** esse princípio impõe que as decisões políticas da comunidade são, em um governo representativo, tomadas após serem debatidas, embora tal debate possa ser de várias naturezas.

Aplicando esses critérios, Manin (1995) caracteriza a existência de três modelos de governo representativos na história, bem como avalia o papel desempenhado pelos partidos políticos em cada um deles. Os modelos ou tipos ideais de governo representativos são: **governo de notáveis, governo de partidos e democracia de público.** Em seus trabalhos, o autor caracteriza cada um desses modelos e mostra como caminhamos do segundo para o terceiro tipo.

Subjacente a essa tese central dos quatro elementos, há uma proposição de ordem mais geral e prescritiva, segundo a qual a suposta crise de representatividade é, na verdade, a crise de apenas um dos modelos possíveis de governo representativo – da democracia partidária –, e não do governo representativo em geral.

Em relação à falência do modelo de democracia partidária, há alguns aspectos que evidenciam como a **democracia contemporânea** vem operando, como a volatilidade do eleitorado, a ausência de identificação partidária e a personalização do pleito eleitoral: "a estratégia eleitoral dos candidatos e partidos repousa na construção de imagens vagas que projetam a personalidade dos líderes" (Manin, 1995).

Um exemplo de mudança dos governos representativos diz respeito ao surgimento dos partidos de massa, que, depois do governo de notáveis – também chamado de *modelo parlamentar* –, provocaram fortes impactos nos sistemas políticos e levaram a um tipo de representação muito mais inclusiva. Nessa vertente, a organização forte e estruturada aproximava os representantes dos representados;

os militantes participavam ativamente; e os candidatos passaram a ser selecionados pela organização partidária, plural e inclusiva.

> A massa do povo podia, assim, ter uma certa participação na seleção de candidatos e escolher pessoas que compartilhassem de sua situação econômica e de suas preocupações. Uma vez eleitos, os representantes permaneciam em estreito contato com a organização pela qual se elegeram, ficando, de fato, na dependência do partido. Isso permitia aos militantes, ou seja, aos cidadãos comuns, manter um certo controle sobre seus representantes fora dos períodos eleitorais. Apresentando-se diante dos eleitores com um programa, os partidos pareciam dar aos próprios cidadãos a possibilidade de determinar a política a ser seguida. (Manin, 1995)

Seguindo um conteúdo programático orientado pelos integrantes do partido, essas organizações estavam muito próximas da sociedade. A forma de governo de partido como sucessor do parlamentarismo de notáveis foi entendida, de uma forma geral, como um progresso, um sinal de avanço da democracia, já que estreitava a relação entre governados e governantes. As mudanças durante o século XX e a evidente crise de representação têm mostrado a emergência, de acordo com Manin (1995), de se criar uma terceira forma de governo representativo – denominada pelo autor de **democracia do público**.

A partir do fim do século XX, o processo eleitoral e de conquista passou a ocorrer primordialmente pela via da "construção imagética da personalidade dos líderes políticos" (Drummond, 2013, p. 29), o que gera uma profissionalização técnica da política: "Os políticos chegam ao poder por causa de suas aptidões e de sua experiência no uso dos meios de comunicação de massa, não porque estejam próximos ou assemelham-se a seus eleitores" (Manin, 1995).

Para Manin (2013), os partidos políticos, embora estejam atualmente com sua função representativa afetada e tenham mudado suas características com o passar do tempo, ainda desempenham importante papel na arena parlamentar, dominando-a.

Há pesquisas que evidenciam a coordenação realizada por partidos na atuação legislativa. A **filiação partidária**, por exemplo, é pré-requisito e regra majoritária mundial para se concorrer a um cargo legislativo. São poucos os políticos que ascendem a um cargo legislativo sem filiação ou sem compor uma lista de candidatos de um partido nacional importante. No entanto, as campanhas estão centradas nos candidatos, principalmente em suas personalidades. Assim, embora as campanhas estejam cada vez mais personalizadas, elas ainda são partidárias, já que os candidatos não são independentes de partidos.

As **campanhas eleitorais** são outro campo em que os partidos se desenvolveram e não perderam a força. No que diz respeito à fidelidade partidária, sua diminuição tem representado, para Manin (2013), a necessidade de dinamismo na mobilização dos eleitores. Assim que os partidos começaram a sentir a erosão das fidelidades partidárias, eles se tornaram proativos e começaram a buscar apoio em outros locais.

O autor é otimista em relação ao **conteúdo programático** dos partidos, ao colocar que a transformação destes em organizações não fez diminuir a capacidade de refletirem os anseios da população e ligá-los à formulação de políticas públicas.

A análise tecida por Manin (1995; 2013) pode ser sintetizada da seguinte forma: os partidos políticos, em geral, não têm decaído – continuam fortes em termos organizacionais, parlamentares e de campanha. O que mudou foi a relação dos eleitores com os partidos: há menos membros e militantes que no passado, ainda que essa seja apenas uma das relação possíveis com os partidos.

> A queda do militantismo e desse tipo de relação entre partidos e eleitores ocorre ao mesmo tempo que os partidos de massas decaem. Antigamente, os partidos de massas influenciavam toda a socialização de seus filiados, que eram integrados por redes extensas definidas por ocupação profissional, religiosa etc. Atualmente, os partidos não têm exclusividade na participação política, embora tenham na representação eleitoral, visto que não há eleições sem partidos.

Manin (2013) também pondera sobre o tipo de participação política e o caso do **alheamento eleitoral**. Para ele, há eleitores que, embora sejam desvinculados de partidos, têm interesse em política e nos resultados eleitorais. Além desses, há aqueles que não são vinculados a partidos, mas que costumam comparecer quando questões importantes de políticas públicas estão em jogo em determinada eleição e a disputa está acirrada, pois a perspectiva de o voto resultar em mudança faz com que esses eleitores tenham mais incentivos para comparecer às urnas. Por fim, há os eleitores que participam das eleições independentemente das consequências prévias ou das perspectivas futuras. A chave aqui são os fatores contextuais, que definem o comparecimento e a participação do eleitor na votação instrumental, entendida em termos amplos.

Os eleitores que são desvinculados de partidos os usam apenas como portadores de mensagens às autoridades públicas. Para Manin (2013), a função do partido mudou na **democracia de público** – eles não são mais unidades bem definidas, dotadas de identidade duradoura, como eram no tempo dos partidos de massas e da democracia de partido. Apesar disso, os partidos ainda são decisivos e precisam buscar de forma ativa o apoio dos eleitores a cada pleito, ajustando os temas de campanha a interesses variáveis dos eleitores – o que, consequentemente, modificará a composição de seu público-alvo, que pode mudar de um pleito a outro.

Ademais, mesmo que dado partido continue a visar o mesmo público-alvo durante várias eleições, a composição de seu apoio real está fadada a mudar, já que é improvável que as reações dos diversos segmentos que formam esse público-alvo variem exatamente da mesma maneira de uma eleição à seguinte. Portanto, os partidos já não podem ser vistos como sujeitos políticos no sentido de que não têm identidade bem definida e duradoura. Eleições sucessivas sempre alteram a composição de seu apoio. Os partidos deixaram de ser sujeitos políticos também em outro sentido. Para um número crescente de eleitores desvinculados, eles se tornaram apenas instrumentos a ser empregados dependendo das circunstâncias.

Assim, na democracia de público os cidadãos participam das eleições dependendo do contexto. E a composição do apoio a cada partido também varia de acordo com as circunstâncias. Esse padrão de envolvimento dos cidadãos na política específico do contexto se estende, todavia, para além do voto. Ele também caracteriza a participação não eleitoral. (Manin, 2013, p. 124)

Por fim, Manin (2013) identifica que, ao mesmo tempo que há erosão das fidelidades partidárias, há o aumento da participação não institucionalizada. Manifestações, petições ou formas diretas de pressão são novas maneiras de participação política que tomaram o lugar da democracia de partidos. Não há acordo entre os pesquisadores em como conceituar esse tipo de participação: alguns chamam de *participação não eleitoral*, outros de *participação não institucionalizada* (não convencional), e outros de *política de protesto*. Não há dúvidas de que os modos de engajamento mudaram nas últimas décadas, e muitas pesquisas indicam esse fenômeno (Manin, 2013).

Essa contestação direta é interpretada por alguns autores como uma crise na representação política, pois se desvia dos princípios da democracia representativa. Contudo, estudos comparativos mostram que a democracia representativa tem se transformado justamente pelo crescimento da participação política não eleitoral. Esses meios foram formados em uma estrutura institucional das democracias representativas, não substituindo as instituições representativas, mas complementando-as.

Por fim, acerca das instituições representativas, Manin (2013) enfatiza dois pontos. O primeiro é que o governo representativo é um **sistema complexo** composto por vários meios. As eleições são o mecanismo central desse sistema, mas não o único componente. Incluem-se aqui as discussões públicas e a liberdade de opinião, que se constitui na faculdade de expressar publicamente ideias e levá-las aos governantes. É válido ressaltar que esse ponto sempre esteve presente nas formas de representação, no entanto, sem definição da forma. O segundo é que o governo representativo é **flexível e adaptável**, pois alguns dos princípios que o organizam não são totalmente específicos – por exemplo, não se sabe o peso que deve ter a influência dos cidadãos sobre as políticas, portanto, há maior flexibilidade. Dessa maneira, a representação apenas define que os governos sejam responsivos aos anseios dos representados.

(6.2)
PARTIDOS SEM PARTIDÁRIOS

Recentemente, muitos autores passaram a refletir sobre as mudanças que os desenvolvimentos de novos processos sociais e tecnológicos, ocorridos no início do século XXI, causaram nos partidos políticos e, consequentemente, nos sistemas partidários e nas próprias democracias. **Russell Dalton** (1948-) e **Martin Wattenberg** (1970-), por exemplo, pressupõem que há um desencantamento crescente da população com partidos específicos – até mesmo com o que está no poder (Dalton; Wattenberg, 2000). Os autores fornecem vários indicadores do crescente desengajamento de parcelas do eleitorado em relação aos partidos. Entretanto, eles também indicam a possibilidade de os partidos se renovarem e se reaproximarem da população mediante adoção de procedimentos mais transparentes e participativos.

Apesar da extensa literatura produzida em mais de 100 anos de estudos sobre partidos políticos, atualmente os pesquisadores se dividem em relação ao padrão geral de transformação partidária. Alguns afirmam que esse período de maior volatilidade partidária não é algo novo (Mair, 1997), ou que os declínios no partidarismo são baixos (Keith, 1992), não sendo suficientes para caracterizar uma crise sistêmica.

Se o declínio partidário estiver ocorrendo de fato, a mudança afeta a representação de interesses dos cidadãos, ou seja, o processo pelo qual as decisões da sociedade são tomadas. A identificação partidária pode atuar como um dispositivo simplificador aos eleitores quando são confrontados com complexas decisões políticas. Além disso, no que diz respeito à relação entre partidos e sociedade civil, essas organizações têm a função de proporcionar às pessoas formação e informação política[1]. Os partidos, muitas vezes, colocam questões ao público e destacam, assim, sua posição específica sobre determinada pauta.

---

1 Em muitos países, essas organizações recebem dinheiro do governo federal – no Brasil, chama-se Fundo Especial de Assistência Financeira aos Partidos Políticos, *proveniente de recursos públicos e particulares aos partidos aptos registrados no Tribunal Superior Eleitoral (TSE). Além da obrigatoriedade da promoção da participação política de mulheres, os partidos devem destinar ao menos 5% desse valor à educação política de seus filiados, de acordo com a Lei n. 13.165, de 29 de setembro de 2015 (Brasil, 2015), que dispõe sobre a administração dos partidos políticos.*

Em um sistema político estável, os partidos servem como âncoras políticas aos eleitores. Alguns autores já indicam que a lealdade do eleitor a um partido o torna menos suscetível a ser influenciado por líderes demagogos e movimentos extremistas. O partidarismo atua, assim, como uma força estabilizadora para a democracia política, criando continuidade nas escolhas dos eleitores e nos resultados eleitorais. Ademais, quando há insatisfação popular a determinada política ou governo, os resultados podem ser dirigidos a partidos específicos, e não ao próprio Estado. Nesse sentido, os partidos são símbolos geradores de identificação e de lealdade.

Os partidos têm a função[2] de **mobilizar as pessoas para participar do processo eleitoral**. Esse processo envolve a organização partidária ativa, quando são negociadas as regiões eleitorais. Dessa forma, os cidadãos se envolvem na própria campanha e participam de outros aspectos do processo democrático. O sentimento de apego ou leadade ao partido são motivações adicionais para votar e se envolver em outras atividades político-partidárias. Os esforços dos partidos para tornar a política mais *user-friendly* diminuem os custos de votação, e a atividade partidária e eleitoral aumenta os benefícios percebidos pelos eleitores.

Os partidos como organizações têm como função, além do recrutamento de lideranças políticas e formação de elites, a **articulação dos interesses políticos de seus apoiadores**, devendo expressar seus pontos de vista no processo de governo. Dessa forma, os partidos não diferem dos grupos de interesses e movimentos sociais. Entretanto, a centralidade dos partidos na estruturação de campanhas políticas,

---

2 A definição das funções utilizadas nesta obra baseia-se na tríade de V. O. Key (1964): *1) os partidos no eleitorado, 2) os partidos como organizações e 3) os partidos como instituições governantes* (White, 2006).

controlando os debates no legislativo e o poder de dirigir as atuações dos políticos dá aos partidos mais foco para representar os interesses de seus apoiadores.

Diferentemente dos grupos de interesse, os partidos, além de agregar esses propósitos políticos, têm a função de **articulá-los**. Em seus manifestos, os partidos trazem os interesses de vários grupos em conjunto, a fim de formar um programa abrangente para, assim, governar.

Essas funções que, como visto, definem os partidos desde a sua origem, também são exercidas pelos partidos atuais, o que permite afirmar que, apesar de todas as mudanças históricas examinadas neste livro, os partidos ainda desempenham suas funções primárias básicas.

Na obra de Dalton e Wattenberg (2000), foram analisadas 15 democracias industriais avançadas – Áustria, Bélgica, Grã-Bretanha, Dinamarca, Finlândia, França, Alemanha, Islândia, Irlanda, Itália, Luxemburgo, Holanda, Noruega, Suécia e Estados Unidos –, desde o início do modelo de governo responsável até a mudança em sociedades industriais avançadas(entre 1950 e 1960, com alterações em 1980 e 1990).

> Os partidos não devem ser avaliados apenas pelas suas atividades organizacionais, mas também pelos objetivos dessas atividades.

Segundo Dalton, Ian McAllister e Martin Wattenberg (2003), os partidos não devem ser avaliados apenas pelas suas **atividades organizacionais**, mas também pelos **objetivos** dessas atividades, visto que uma importante dimensão da democracia e da política partidária é a ligação dos eleitores aos partidos políticos. Em outras palavras, é preciso entender os objetivos da organização partidária.

Os resultados da pesquisa dos autores demonstram que o declínio do partidarismo "teve efeitos reais e substanciais sobre o comportamento político dos eleitores contemporâneos" (Dalton; McAllister; Wattenberg, 2003, p. 296). O eleitorado está desalinhado com os partidos, o que acarretará consequências para a democracia moderna (Dalton; McAllister; Wattenberg, 2003).

A **tese do desalinhamento** diz respeito aos laços partidários que sofreram um "desgaste" generalizado em consequência da modernização social e política. Esperava-se que a maioria das sociedades industriais passassem por esse processo. Por exemplo, o aumento do nível educacional colaborou com o aumento dos recursos cognitivos (e políticos) dos cidadãos, o que é demonstrado pelo crescente nível de interesse pelos assuntos públicos. Atualmente, mais pessoas têm capacidade cognitiva para se tornarem politicamente autônomas. No entanto, o desenvolvimento da comunicação de massa e o aumento desses grupos de interesse público acarretaram um desalinhamento entre a articulação de interesses do eleitorado e a função de formação política dos partidos políticos.

Os meios de comunicação estão substituindo os partidos como fonte de informação e diminuindo o conteúdo partidário. Ao mesmo tempo, os partidos estão mudando, dando mais poder aos líderes e organizando campanhas menos dependentes do financiamento de filiados e de cidadãos. Além disso, os grupos de interesse (*lobby*) têm exercido pressão sem recorrer a partidos (Dalton; Mcallister; Wattenberg, 2003).

De acordo com Dalton, Mcallister e Wattenberg (2003), há um grande e contínuo declínio no papel dos partidos políticos em relação aos eleitores, e não se trata de mera insatisfação temporária das pessoas com os partidos. O desalinhamento mostra, ainda, que novas formas de democracia (como a direta) e o surgimento de canais administrativos para o público e os conselhos estão se desenvolvendo cada vez mais como forma de adaptação da ação não partidária.

As mudanças sociais eliminaram, ao menos parcialmente, a necessidade política e cognitiva de identificação partidária. Por fim, apesar dos indicadores de declínio na filiação partidária, é possível que os políticos reajam com ações que façam renovar os laços com as bases (antigos filiados) – como um líder carismático, por exemplo. Contudo, conforme assinalam Dalton, Mcallister e Wattenberg (2003), a tendência de declínio geral refletirá em características estáveis e de longo prazo nas sociedades industriais avançadas, o que estimulará sua reprodução.

(6.3)
Declínio ou transformação dos partidos políticos

Na área de estudos dos partidos políticos, existe uma extensa discussão, há cerca de 40 anos na literatura internacional, sobre as mudanças dos partidos políticos e de suas funções. O número de filiados aos partidos tem decrescido, ao mesmo tempo que outros grupos têm tomado o papel da representação política. No entanto, os partidos ainda mantêm a função de recrutar e selecionar candidatos e ocupam papel central nas eleições.

6.3.1 As três faces dos partidos

Algumas pesquisas sobre organização partidária evidenciam como os partidos se adaptam às mudanças do ambiente político (Katz; Mair, 1995), outras revelam qual seu papel no processo de governação (Mccubbins; Cox, 1993). O ponto de convergência entre essas perspectivas é que, de fato, os partidos estão mudando, mas há controvérsias se a mudança significa adaptação ou declínio dos partidos políticos.

Na década de 1990, Richard Katz e Peter Mair[3] realizaram um diagnóstico importante da transformação dos partidos políticos, em que foi revelado que o enfoque dos estudos deveria mudar: da relação entre partidos e sociedade para a relação entre partido e Estado. Os autores também expõem o equívoco dos analistas ao considerarem os partidos de massa como o modelo ideal de organização.

Nesse sentido, os partidos políticos não estariam em declínio, mas passando por transformações diante de novos desafios ambientais. Para esses autores, a evolução dos partidos políticos no Ocidente é fruto de um curso dialético da história, no qual cada novo tipo de partido produz uma série de consequências que instiga seu próprio desenvolvimento para um novo modelo. Dessa forma, os partidos, na verdade, estão se adaptando, como já ocorreu em outros momentos da história.

Assim, Katz e Mair (1993) propõem que os partidos não sejam tomados como unidades organizacionais indissociáveis, como um ator unitário, mas como detentores de três faces distintas que interagem entre si e diferem-se no que diz respeito aos fins que perseguem e aos recursos que empregam: (1) *party in public office* (partido no poder público), que pode ser no parlamento ou no governo; (2) *party on the ground* (partido na base), que abarca os membros filiados, não filiados (eleitores leais) e ativistas (militantes) e os apoiadores financeiros; (3) *party in central office* (direção nacional do partido), ou seja, a liderança nacional da burocracia partidária. Cada face implica um conjunto diferente de recursos, constrangimentos, oportunidades e padrões de motivação que os líderes partidários terão e utilizarão.

---

3   Os artigos científicos desses autores estão indicados na lista final de referências desta obra.

Os partidos políticos se tornam, dessa maneira, requalificados, e suas mudanças são entendidas em razão da interação entre as várias faces. A sobreposição de uma face produzirá um tipo distinto de partido. As organizações partidárias contemporâneas apresentarão, assim, o domínio da face pública do partido, resultando no partido cartel.

Para saber mais

Em relação às transformações por que passam os partidos políticos contemporâneos, indicamos a leitura de dois artigos importantes para entender os caminhos que estão sendo tomados. O primeiro analisa a questão organizacional dos partidos políticos nos últimos 100 anos; o segundo aborda as novas formas que os partidos políticos podem adotar no que se refere à comunicação com seus eleitores.

AMARAL, O. O que sabemos sobre a organização dos partidos políticos: uma avaliação de 100 anos de literatura. **Revista Debates**, Porto Alegre, v. 7, n. 2, p. 11-32, maio/ago. 2013. Disponível em: <http://seer.ufrgs.br/debates/article/view/38429>. Acesso em: 25 set. 2017.

BRAGA, S.; ROCHA, L. C.; CARLOMAGNO, M. C. A internet e os partidos políticos brasileiros. **Cadernos Adenauer**, Rio de Janeiro, v. 16, n. 3, p. 47-73, 2015. Disponível em: <http://www.kas.de/wf/doc/16507-1442-5-30.pdf>. Acesso em: 25 set. 2017.

6.3.2 Mair e a divisão das funções dos partidos

Mair (2003) considera necessário distinguir partido político de organização partidária, a fim de se avaliar a natureza da crise enfrentada pelos partidos políticos atualmente. O autor analisa as mudanças que atualmente afetam os partidos e examina, em nível organizacional, as funções que os partidos deveriam tradicionalmente desempenhar e os processos pelos quais as identidades partidárias tradicionais têm sofrido enfraquecimento.

Para ele, passamos por mudanças na natureza da democracia e nos próprios partidos na sociedade, que têm se tornado cada vez mais incapazes de ser agentes de representação. A época dos partidos de massas não existe mais, chegou ao fim, e dificilmente será recuperada, mas os partidos ainda desempenham função importante na gestão da democracia. O papel representativo pode estar em declínio, mas o procedimental continua a ser tão essencial quanto antes.

A filiação partidária foi reduzida pela metade de uma década para outra em quase todos os países europeus analisados pelo autor – apenas três registraram aumento de filiação partidária: Grécia, Portugal e Espanha. Esses países se democratizaram em meados de 1970, quando seus sistemas partidários iniciaram a mobilização organizacional a partir quase do zero. O declínio no número de membros nas democracias europeias não pode ser atribuído à expansão no número total de eleitores, mas sim, segundo Mair (2003), à incapacidade das organizações partidárias em acompanhar esse crescimento. Aumenta-se o número de eleitores e diminui-se o número de filiados como resultado do declínio organizacional dos partidos. Os eventos partidários começaram a ser cada vez menos frequentados, e os cargos internos, a ser desocupados. A identificação partidária dos eleitores diminuiu nesses países.

Os partidos e suas atividades convencionais não conseguem mais mobilizar os cidadãos como antes nem têm uma presença significativa na sociedade em geral: "estas tendências são quase universais entre as democracias estabelecidas, refletindo-se de modo consistente numa série de diferentes indicadores. Os partidos tornaram-se mais distantes dos cidadãos. As suas organizações começaram a definhar" (Mair, 2003, p. 280). Ao mesmo tempo que se tornaram mais distantes da sociedade, eles também se aproximaram mais do Estado e do governo, a ponto de estarem misturados a eles. Os motivos que os levaram a isso foram os mesmos que conduziram os partidos profissionais-eleitorais a se transformarem em partidos cartéis. A dependência financeira dos partidos em relação ao Estado e a legislação intervindo e regulando cada vez mais a organização partidária causaram o fortalecimento progressivo da relação entre o Estado e os partidos.

Da expectativa comum dos partidos – ocupar um lugar no governo –, essa proposição vem sendo um fim em si mesma. Assim, os partidos deixam de ser parte da sociedade para integrarem o Estado: "mudam seu campo gravitacional da base para o Estado, ocupando cargos públicos. Os partidos de hoje são partidos diferentes, marcados por uma base organizacional cada vez mais fraca, mas uma face pública cada vez mais forte e mais eficazmente mantida" (Mair, 2003, p. 5).

Manin (2013) aponta que é um engano atribuir articulação e agrupamento de interesses apenas aos partidos, como se essa fosse uma função exclusiva e intrínseca a eles. A representação tem sido exercida cada vez mais pelos meios de comunicação e pelas organizações não partidárias. Somado a isso, há o equívoco do modo de análise estática ligada ao conceito de *partido de massas* (o tipo ideal, em termos normativos e práticos). Como os partidos de massas começaram a se desfazer, as funções dos partidos, que eles podem desempenhar e que desempenham de fato, precisam ser revistas.

Os partidos trocaram suas funções representativas, portanto, por atribuições de caráter mais procedimental, que se referem, sobretudo, à organização do parlamento e do governo – que é hoje a atividade mais importante dos partidos. É evidente a necessidade da exintência de partidos políticos em governos parlamentares, como no caso dos sistemas presidencialistas, em que há negociações por meio de partidos e coligações – por exemplo, o presidencialismo de coalizão no Brasil. A formação dos governos e a atuação dos parlamentos (procedimentos legislativos, funcionamento das comissões, relações com o Executivo) necessitam da organização dos partidos políticos para sua existência.

Qual será o futuro dos partidos para Mair?

I. *parece existir pouca ou nenhuma perspectiva de reconstrução de fortes raízes partidárias na sociedade. Os eleitores estão cada vez mais individualistas e a ausência de comprometimento com a política tradicional e os partidos não manterá mais uma identidade organizacional forte. A política partidária mudou, ela hoje é diferente;*
II. *não há perspectiva de que os partidos desenvolvam uma identidade partidária razoavelmente forte para garantir, por si só, a legitimidade. A época dos fortes projetos ideológicos não existe mais, ficou no passado;*
III. *é difícil conceber de que modo os partidos poderão fortalecer o papel representativo atual. Ainda é provável que ele possa sofrer deterioração ainda maior no futuro.* (Mair, 2003, p. 290)

O papel mais significativo que restará aos partidos será o de caráter procedimental, ou seja, será o aspecto democrático da democracia representativa, mais do que o aspecto representativo, que certamente se tornará crucial – mas não exclusivo. Graças à função procedimental ou governativa, os partidos políticos continuam sendo necessários às democracias.

Outros autores apresentam um diagnóstico menos pessimista daqueles elaborados por Mair. Para eles, as tecnologias digitais poderiam ocasionar mudanças organizacionais de longo prazo nos partidos, tornando-os mais transparentes e participativos (Margetts, 2006). Mais do que uma escolha, a adoção desse formato mais aberto e participativo seria um caminho inexorável a ser tomado pelos partidos se quisessem se renovar e sobreviver na competição partidária e eleitoral. Assim como os candidatos a cargos majoritários procuram cada vez mais construir uma imagem informal e um estilo mais autêntico e direto de comunicação com o eleitor – o que seria possibilitado pelos novos recursos digitais, como a internet e as mídias sociais –, os partidos tendem a sofrer novas mudanças organizacionais em função dessas alterações de ambiente. Nesse sentido, fenômenos como o surgimento do Podemos e do Ciudadanos nas eleições espanholas de 2016 são os primeiros passos de uma longa mudança organizacional dos partidos em direção a formatos mais abertos, transparentes, próximos da sociedade e do eleitor, e menos dependentes do Estado. Isso revela o limite para uma superação dialética de longo prazo dos modelos do partido profissional-eleitoral e do partido cartel (Gibson, 2015; Braga; Rocha; Carlomagno, 2015).

Síntese

Neste capítulo, apresentamos alguns autores que têm analisado a representatividade dos partidos políticos contemporâneos.

Com base em Manin (2013), observamos que o governo representativo atualmente está no estágio da democracia do público, no qual a conquista do voto e o processo eleitoral está ocorrendo de acordo com a construção imagética da personalidade dos líderes.

Na obra de Dalton e Wattenberg (2000), analisamos a diminuição de membros filiados nos partidos políticos e o padrão de enfraquecimento da consistência partidária em nível micro e macro, além do crescimento da volatilidade eleitoral nos países europeus de democracia avançada. Com a diminuição do partidarismo, a tendência de desalinhamento vem permitindo que um número maior de eleitores transfira seu apoio a outros partidos do sistema. Assim, os partidos existentes podem sofrer uma fragmentação, já que o eleitorado se abre para novos apelos. Diferente de Manin, Dalton e os demais autores não veem os movimentos sociais e de rua (não partidários) como substitutos dos partidos políticos.

Por fim, indicamos, fundamentados em Mair (2003) e na concepção das três faces dos partidos, que a função dos partidos políticos vai de representativa a procedimental. Nessa perspectiva, os partidos políticos não sofreram declínio, mas se transformaram e encontram-se cada vez mais estabelecidos nas instituições. Há um declínio das organizações partidárias quando avaliamos sua dimensão, sua penetração social e sua relevância – ou da face dos partidos em sua base –, mas não dos partidos políticos em si, que hoje têm a função essencial de organizar os governos e o parlamento.

Questões para revisão

1. Assinale a alternativa que indica qual é a principal função atual dos partidos políticos:
   a) Representação.
   b) Comunicação política.
   c) Educação política.
   d) Governo e atividade legislativa.

2. Com base no governo representativo de Manin (2013), assinale a alternativa que retrata a democracia do público:
   a) Realização da construção imagética dos eleitores.
   b) Predomínio de altos níveis de partidarismo.
   c) Predomínio dos meios de comunicação e da profissionalização técnica da política.
   d) Governo de políticos notáveis.

3. Assinale a alternativa que traduz a função procedimental dos partidos:
   a) Atuação na burocracia estatal do Estado moderno.
   b) Burocracia do governo atuando na organização partidária.
   c) Composição e funcionamento de governos e parlamentos.
   d) Organização partidária.

4. De acordo com os autores estudados, há possibilidade de os partidos políticos serem extintos? Por quê?

5. Para que serve o partidarismo?

Questões para reflexão

1. Qual é a importância da representação partidária para as democracias?

2. Diante dos mais de 30 partidos políticos registrados atualmente no TSE, escolha um com o qual você se identifique. Para isso, analise os programas, os estatutos e os manifestos partidários contidos no *site* do TSE. Analise no *site* da Câmara dos Deputados quais são os projetos de lei propostos pelo partido, se houve representação na casa e em quais debates a agremiação tem se envolvido. Acesse também as plataformas do partido nas mídias sociais e veja como essa ferramenta é usada pelo partido para se posicionar sobre os assuntos políticos.

Capítulo 7
Os partidos e os sistemas partidários no Brasil: do Império à Primeira República

Conteúdos do capítulo:

- Caminhos iniciais dos partidos políticos no Brasil.
- Partidos políticos no Brasil Império e na República Velha.
- Ausência de democracia no Brasil no período de 1822 a 1930.
- Características da formação do Estado brasileiro em relação aos partidos políticos.

Após o estudo deste capítulo, você será capaz de:

1. compreender a formação dos partidos políticos no Brasil;
2. identificar os fatores que incidiram na formação do sistema partidário brasileiro;
3. apontar os partidos do Brasil Império e da Primeira República, bem como suas características.

Neste capítulo, analisaremos os partidos brasileiros – sua constituição e a formação dos primeiros partidos políticos – número de partidos integrantes e a operacionalização desses sistemas na época. Abordaremos, também, o surgimento dos partidos de quadros e a deficiência da mobilização partidária durante a história da formação dos sistemas partidário e eleitoral. Por fim, apresentaremos a relação entre tais sistemas e as principais teses a respeito da influência das regras eleitorais na fragmentação do sistema partidário brasileiro.

(7.1)
O PERÍODO PRÉ-REPUBLICANO

No período colonial brasileiro (1500-1822), não existiam partidos, pois não havia terreno propício para isso, uma vez que o país era território subordinado a Portugal. Com a Revolução do Porto, em 1820 – que levou à independência do Brasil em 1822 –, começavam as reformas liberalizantes, o que deu início aos primeiros partidos políticos e, consequentemente, à construção da nação e do Estado brasileiro.

A configuração do Estado brasileiro foi influenciada por seu colonizador português e pelos demais países europeus. A independência, por exemplo, não ocorreu por conta da agitação e reivindicação civil, mas porque havia uma crise no sistema colonial europeu. Entre vários fatores que fazem do Brasil *sui generis*, está o fato de o rei português ter permanecido no país mesmo depois de sua independência.

No Brasil, diferentemente da maior parte de seus vizinhos latino-americanos, que foram colonizados pelos espanhóis, optou-se inicialmente pela monarquia constitucional em vez da república, pois havia o receio de o país ser dividido se esse modelo fosse adotado. Apesar da tentativa de se fazer aqui um império constitucional com parlamento eleito, esse modelo durou pouco tempo, sendo rompido pelo imperador português e ex-colonizador. A primeira Constituição do Brasil foi realizada sem organizações partidárias, sem uma orientação definida, pelos juristas convocados por D. Pedro I. O cientista político Afonso Arinos de Melo Franco (1974, p. 27) descreve que

> A Assembleia Constituinte de 1823, nascida já sob o signo da dissolução, não teve ensejo de promover a formação de autênticos partidos. Com razão observa, a propósito dela, Otávio Tarquínio de Sousa: "Não existindo organizações partidárias definidas, os seus trabalhos se processavam sem uma orientação mais firme, conforme o predomínio ocasional dos grupos formados à feição de tendências individuais ou doutrinárias".

> No Brasil, diferentemente da maior parte de seus vizinhos latino-americanos, que foram colonizados pelos espanhóis, optou-se inicialmente pela monarquia constitucional em vez da república, pois havia o receio de o país ser dividido se esse modelo fosse adotado.

Não podemos esquecer que o Brasil, na época, era um país escravocrata, latifundiário e agrícola, bastante atrasado em relação aos ideais que circulavam nos países europeus, local que foi berço dos partidos políticos e da democracia liberal tal como a conhecemos hoje. Ainda assim, a primeira constituição do país trouxe uma tentativa de implantação de direitos individuais e alguma ideia de se introduzir um foco de ideologia liberal. O Poder Legislativo (Câmara dos Deputados e Senado) foi criado nessa época, cabendo ao rei o poder moderador – embora este também tivesse a faculdade de dissolver o parlamento.

Logo após a independência, surgiram facções e grupos de opinião que se reuniam para discutir política, a fim de partilhar ideias republicanas, absolutistas ou liberais, sem organização alguma. Os grupos eram basicamente divididos em: **exaltados**, com afeição pelos ideais monárquicos;

moderados (também chamados de *independentes*), que buscavam uma posição de centro, protegendo a constituinte sem hostilizar o rei; e os **monarquistas**, que constituíam uma maioria conservadora e tinham como objetivo uma monarquia constitucional ordeira (Franco, 1974).

No que diz respeito à existência ou não da democracia naquele período, podemos afirmar que, embora diante da decisão política de instaurar um sistema representativo desde a independência do país (parlamento eleito), não havia democracia no Brasil. Entre as duas situações (colônia e democracia), houve uma etapa pré-democrática, com um sistema representativo embrionário.

É possível afirmar que a democracia é um arcabouço institucional para o processamento "tão pacífico quanto possível das demandas e antagonismos que toda sociedade continuamente engendra" (Lamounier, 2015, p. 14). Por essa ótica, ela não surge após a solução de conflitos, mas à medida que a sociedade assente em solucioná-los por meio de eleições periódicas, limpas e livres. Além disso, os governos devem ser responsabilizáveis (*accountable*) pelos órgãos judiciários, pela imprensa e pelas demais instituições autônomas. O politólogo Bolívar Lamounier (2015) sugere a busca por focos conceituais específicos para examinar a existência ou não de democracia no decorrer do tempo (Quadro 7.1).

Quadro 7.1 – Focos conceituais para a análise da existência ou não de democracia

Âmbitos	Focos conceituais
Estado	Opção constitucional pelo princípio representativo
Estrutura da sociedade	Diversidade poliárquica: múltiplos polos de poder
Processo eleitoral	Condições eleitorais para a alternância no poder

Fonte: Adaptado de Lamounier, 2015.

O primeiro foco conceitual é a escolha pelo sistema representativo. O segundo refere-se à existência de polos de múltiplos de poder autônomos que expressam a diversidade poliárquica e o pluralismo de interesses econômicos, sociais e religiosos em uma sociedade. O terceiro é a existência de um mecanismo eleitoral competitivo para a alternância pacífica no poder, fundamentado na confiança, tanto da sociedade civil quanto da classe política, em um processo limpo e de resultado incerto, no qual seja impossível a determinação dos resultados gerais de uma eleição por uma das partes. Ademais, esse ponto engloba a aceitação das regras eleitorais, da via eleitoral como a única via legítima de acesso ao poder e o mútuo reconhecimento do governo e da oposição (Lamounier, 2015).

> A despeito do fato de ter se optado pelo sistema representativo durante o período pré-republicano, não existia um sistema político competitivo, tampouco instituições poliárquicas autônomas, além da incerteza em relação à alternância no poder. Portanto, não havia a possibilidade de democracia no Brasil Império.

Quanto aos partidos, foi apenas no período regencial (1831-1840), momento em que D. Pedro I abdicou de seu trono, que o Partido Liberal e o Partido Conservador surgiram. Os exaltados e os revolucionários formaram o Partido Liberal; os moderados e os partidários da Constituição realizada pelos juristas, o Partido Conservador; e os reacionários, que desejavam a volta do rei, formaram o Partido Caramuru. Os dois primeiros também eram conhecidos como *Luzia* e *Saquaremas*, respectivamente, apelidos que foram dados pelos adversários, a fim de ironizar embates ocorridos nas cidades de Minas Gerais e do Rio de Janeiro. Os temas que circulavam entre os partidos eram, sobretudo, a centralização ou a descentralização do poder nacional, o fortalecimento ou não do parlamento nacional, o maior ou menor poder do Estado, a abolição da escravatura e a instauração da República. O Partido Republicano surgiu em 1870, mas eram os partidos Liberal e Conservador que dominavam a discussão política nacional.

Na época, o sufrágio era restrito. Assim, os eleitores eram apenas os homens que detinham determinada renda anual (100 mil réis), isto é, o voto era censitário. O Brasil não atendia aos conceitos básicos de democracia e, apesar de haver um sistema representativo, este não refletia os anseios da população majoritária do país – as mulheres e os escravos não tinham direito de voto, não havia diversidade poliárquica autônoma, as condições eleitorais para a alternância no poder eram debilitadas e as eleições eram fraudulentas. Além disso, as eleições ocorriam em duas etapas: os que tinham a renda mínima estabelecida escolhiam os candidatos – que deveriam ter 400 mil (para o cargo de deputado) ou 800 mil réis (para o cargo de senador). Em seguida, os selecionados se reuniam e elegiam os parlamentares. Assim, era impossível uma pessoa de origem pobre ou com profissão mais simples ocupar um cargo político e influenciar as decisões do país (Motta, 1999).

A política era assunto de grupos abastados – proprietários de terras e intelectuais da elite provenientes das classes altas. Os partidos Liberal e Conservador eram parlamentares, podendo ser classificados como de quadros, segundo a tipologia de Duverger (1970). Eram partidos ocupados por notáveis, surgidos no interior do parlamento, sem militantes e com financiamento realizado pelos próprios notáveis. A organização partidária era quase inexistente e os políticos escolhiam os partidos mais por afinidade pessoal com os líderes do que pelo conteúdo programático, que era bastante frouxo – a ideologia era secundária e quase não existia. Os partidos Liberal e Conservador foram extintos com o fim do Império, na proclamação da República em 1889.

> **Para saber mais**
>
> Uma obra imprescindível para compreender a formação dos partidos políticos no Brasil é o livro do jurista, político, historiador e crítico brasileiro Afonso Arinos de Melo Franco, intitulado *História e teoria dos partidos políticos no Brasil*.
>
> FRANCO, A. A. de M. **História e teoria dos partidos políticos no Brasil**. São Paulo: Alfa-Ômega, 1974.

(7.2) Os partidos na Primeira República (1889-1930)

A República Federativa brasileira se iniciou em 1889, em um período marcado pelos partidos republicanos regionais, que ficou conhecido como *Primeira República* (1889-1930). A instituição da República foi um evento, como era de se esperar em um país rural que recém havia abolido a escravidão, sem nenhuma participação cidadã (apenas as elites parlamentar, civil e militar tinham representatividade). A população assistiu ao episódio de forma "bestializada", como descreve o historiador e cientista político José Murilo de Carvalho (1987), sem ao menos saber o que estava acontecendo. Os próprios autores da República não tinham muito apego aos ideais republicanos, e os fatores que determinaram a formação do Partido Republicano foram muito mais atrelados às conjunturas econômica, militar, cultural e política do que à ideia de organização civil (Motta, 1999).

No início do período republicano, houve uma tentativa frustrada de criação de partidos de caráter nacional, como o Republicano

Federal e o Republicano Conservador – que, no fundo, eram apenas a união de causas pessoais, e não ideológicas. Outros grupos começaram a se organizar de forma independente nas províncias e, após a Proclamação da República, se firmaram como partidos replubicanos estaduais, mas ainda não eram programáticos e defendiam apenas causas pessoais das elites locais. O Partido Republicano Rio-grandense adotava de forma mais firme a doutrina republicana, liderado por **Júlio de Castilhos** (1860-1903), **Borges de Medeiros** (1863-1961) e **Getúlio Vargas** (1882-1954) (Chacon, 1998).

A República Federativa teve a função descentralizadora de diminuir o poder central e aumentar o poder dos governos estaduais, perspectiva vitoriosa liberal em contraponto ao centralismo do império. A corrupção eleitoral era comum e atribuída ao regime monárquico. Com o federalismo, o Brasil passou a ser uma federação de estados autônomos e independentes do governo federal, influenciado fortemente pelo federalismo dos Estados Unidos. Cada estado tinha sua própria constituição, que deveria dialogar com a nacional, com os presidentes – os governadores de hoje – e a estrutura militar própria (Motta, 1999).

Por outro lado, havia desconfiança do poder central, e os partidos atuavam de forma fragmentada, por meio das oligarquias regionais e sem o mínimo de sentimento partidário (Franco, 1974), formando um espelho das disputas entre os estados. A estrutura partidária servia exclusivamente para representar as oligarquias que se revezavam no poder, pois a competição era artificial (política dos governadores, do café com leite etc.). A Constituição de 1891 estabeleceu o sistema de representação majoritária para a escolha de presidentes, mas eles eram eleitos por maioria absoluta dos votos em um só turno e, se isso não ocorresse, cabia ao Congresso escolher entre os dois primeiros colocados – embora isso nunca tenha sido necessário (Nicolau, 2015).

O sufrágio na Primeira República era ainda mais restrito do que no Império – excluíram-se os analfabeto sob a justificativa de reduzir o voto de cabresto, ou seja, 80% dos homens maiores de idade não tinham o direito de participar das eleições. A renda mínima aumentou para os eleitores e as eleições passaram a ser diretas, sem as etapas anteriores. De cerca de 10% da população que votava no período monárquico, apenas 0,80% participou das eleições em 1886. Assim, os partidos republicanos representaram menos de 1% da população brasileira naquele período.

Há de se ponderar que a maioria da população brasileira vivia em regiões rurais onde predominava o fenômeno do coronelismo: o poder público dominado pelo privado, por coronéis e proprietários de terra. Naquele período, o voto não era secreto, a representação era majoritária em todos os níveis e o sufrágio, como visto, era restrito. Não havia, portanto, democracia na República Velha e os partidos apenas representavam as oligarquias estaduais.

Síntese

Neste capítulo, verificamos que os primeiros partidos políticos brasileiros surgiram no país independente sob o regime no Império Constitucional. Os partidos Liberal e Conservador foram fortemente influenciados pelos acontecimentos europeus e, assim como lá, os partidos aqui eram de quadros, ocupados e formados por notáveis, enquanto a grande massa da população vivia nas zonas rurais, alheias à política brasileira.

Apresentamos também os fatores necessários para a existência de democracia em determinada sociedade, com base nos focos conceituais: estrutura de representação, diversidade poliárquica autônoma e condições eleitorais para a alternância no poder.

Abordamos, ainda, o fato de que, na República, os partidos anteriores foram extintos e os partidos ativos eram os republicanos, localizados nos estados, representando as forças oligárquicas existentes. Tanto no Brasil Império quanto na Primeira República, não havia democracia no país, tendo em vista a ausência instituições poliárquicas autônomas e de inclusão dos setores da sociedade na participação política. Por fim, aludimos que as eleições eram marcadas por fraudes, sem o reconhecimento de governo e de oposição, uma vez que os partidos republicanos se alternavam via negociações anteriores ao pleito para o cargo de presidente.

Questões para revisão

1. Sobre os partidos no Brasil Império, assinale a alternativa correta:
   a) Os primeiros partidos brasileiros eram de massas, arregimentaram grande contingente da população e tiveram um importante papel na Proclamação da República.
   b) A primeira constituição do país foi formulada por um conjunto de partidos políticos existentes no Império.
   c) Os partidos surgiram durante o período colonial.
   d) Os partidos Liberal e Conservador eram formados por notáveis, civis e militares influentes.

2. A respeito do contexto de formação dos partidos na Primeira República, assinale a alternativa correta:
   a) Havia grupos econômicos e sociais (polos de poder) autônomos que representavam setores da sociedade.

b) Existia um sistema de representação majoritária para a presidência da República e para o Congresso Nacional.
c) Os partidos Republicano e Liberal continuaram existindo após a instituição da República.
d) O contexto social e econômico brasileiro na época era altamente urbano e industrial.

3. Sobre o voto durante a República Velha, assinale a alternativa correta:
   a) Mulheres acima de 18 anos tinham direito a voto.
   b) Homens analfabetos tinham direito a voto, desde que possuíssem a renda mínima estabelecida.
   c) O voto era secreto.
   d) Apenas votavam aqueles que possuíssem uma renda mínima estabelecida e fossem alfabetizados.

4. Quais são os conceitos para a análise da democracia real nos períodos iniciais do Brasil independente?

5. Descreva a forma de sufrágio existente na República Velha brasileira.

Questão para reflexão

1. O primeiro passo para compreender os partidos Liberal e Conservador e os partidos republicanos é levar em conta que estes não se tratavam de partidos representantes da população em geral. A pequena parcela que era considerada eleitora, no período, precisava possuir bens. Os políticos que formavam os partidos e que faziam parte, antes disso, das facções e das reuniões políticas eram oligarcas, donos de terras e pessoas influentes na sociedade. Eram os políticos de

quadros, de notáveis, como Duverger (1970) coloca em sua teoria dos partidos políticos. No *Dicionário Histórico-Biográfico Brasileiro*, importante instrumento do Centro de Pesquisa e Documentação de História Contemporânea do Brasil, há o perfil dos referidos partidos e das pessoas que os integravam.

Pesquise esses perfis e elabore, com base no conteúdo desse capítulo, um pequeno texto expondo as divergências e os pontos em comum entre os partidos do Brasil Império e da República Velha.

PAULA, C. J. de; LATTMAN-WELTMAN, F. (Coord.). **Dicionário histórico-biográfico brasileiro**. 3. ed. Rio de Janeiro: CPDOC/FGV. Disponível em: <http://cpdoc.fgv.br/acervo/dhbb>. Acesso em: 26 set. 2017.

Capítulo 8
Os partidos e os sistemas
partidários no Brasil: da Revolução
de 1930 aos tempos atuais

Conteúdos do capítulo:

- Mudanças partidárias de 1930 aos dias atuais.
- Tipos de sistemas eleitorais já adotados no Brasil.
- Consolidação democrática no Brasil.
- Atual quadro partidário e sistema eleitoral vigente.

Após o estudo deste capítulo, você será capaz de:

1. apresentar a trajetória dos partidos políticos no Brasil;
2. diferenciar períodos não democráticos de democráticos;
3. indicar os fatores que incidiram na formação de partidos;
4. identificar o modelo partidário atual, o sistema eleitoral brasileiro e a relação entre ambos.

Neste capítulo, trataremos das experiências partidárias brasileiras desde o fim da política das oligarquias: os acontecimentos políticos de 1930; a ruptura do sistema partidário com a ditadura do Estado Novo; o retorno da experiência partidária em 1945 e sua ruptura, novamente, em 1964; e o retorno à condição democrática atual e mais longeva já constatada na história brasileira. Analisaremos, ainda, o atual quadro partidário, os partidos políticos brasileiros e qual a configuração do sistema partidário brasileiro, considerando as rupturas no decorrer de sua história.

(8.1)
O Estado Novo e o regime militar

Com os acontecimentos de 1930 e a instauração da Segunda República, o sistema eleitoral brasileiro foi reformado. Nessa época, foram instituídos o voto secreto, a justiça eleitoral, o voto feminino e o sistema proporcional.

Nessa legislação do início da década de 1930, os partidos políticos foram reconhecidos como pessoa jurídica e tiveram regulado seu funcionamento. No entanto, foi criada uma representação profissional no interior das Assembleias permanentes, não partidárias, de linha tipicamente fascista. Apesar do aumento da acessibilidade ao voto, os mendigos, os analfabetos e parte dos militares permaneceram sem esse direito (Franco, 1974).

Até a Ditadura Varguista, que teve início em 1937, havia partidos políticos com conotações nacionais, como a Aliança Nacional Libertadora (ANL), a Ação Integralista Brasileira (AIB) e o Partido Comunista Brasileiro (PCB), já clandestino. Era a primeira vez no país que partidos políticos mobilizavam massas populares. Em 1937, no Estado Novo, já em regime ditatorial, as eleições foram suspensas, o Congresso foi fechado e os partidos existentes foram eliminados. Apenas em 1945 os partidos puderam voltar à cena política. Em 1946, foi instaurado o voto obrigatório e a idade mínima mudou para 18 anos – os analfabetos, no entanto, ainda eram proibidos de votar.

Estudos importantes sobre o período são leituras obrigatórias na ciência política. Entre eles está o livro clássico da cientista política e teórica de partidos Maria do Carmo Campello de Souza (1983), que analisa a restauração democrática em 1945 sob o ponto de vista da relação entre Estado e sistema partidário de 1930 a 1964.

A autora analisa as funções dos partidos de forma conjunta, levando em consideração a representação e a forma de governo, atribuindo um peso importante ao tipo de Estado (e sua relação com as próprias instituições) que norteou os moldes do sistema partidário. Souza (1983) identifica que o regime de 1945 foi construído pela mesma elite política e sobre as mesmas bases autoritárias do Estado Novo – centralizadora e avessa a partidos políticos. Essa centralização burocrática do Estado brasileiro acabou inibindo, segundo a autora, o desenvolvimento do sistema partidário em 1946. Além disso, a Constituição de 1946 manteve as características ideológicas do período anterior, como a concentração de poder no Executivo e a exclusão de um projeto de governo partidário.

A manutenção do projeto do Estado Novo é percebida por meio de quatro fatores: (1) absorção das clientelas municipais (Partido Social-Democrático – PSD, partido getulista) e sindicais (Partido Trabalhista Brasileiro – PTB, criado por Getúlio Vargas em 1945); (2) emergência do getulismo como movimento político organizado; (3) predominância de setores estadonovistas na Constituinte; e (4) Constituição com mecanismo de preservação dessa ordem. Contudo, Souza (1983) não nega a instauração de uma estrutura democrática no país, que seria conhecida em nossa história como o primeiro período democrático, embora pouco estável, visto que o contexto de polarização mundial, em plena Guerra Fria, influenciava os países e tornava as democracias muito mais suscetíveis a rupturas (Souza, 1983; Lamounier, 2015).

Apesar da não existência de ideologias fortes nos partidos, o sistema partidário brasileiro não era inviável, como muitas teses defendiam. Souza (1983) entende que a passagem para um sistema de governo partidário levaria ao fortalecimento do sistema de partidos. O Brasil chegou a ter 13 partidos políticos representados no Congresso Nacional no período de 1945 a 1964 – o primeiro período democrático de nossa história. Essa fase pode ser caracterizada como **pluralismo moderado** em 1945 (Sartori, 1982) e como **pluralismo exacerbado** em 1962 (Fleischer, 2007). Dos 13 partidos, 3 eram grandes e estavam passando por um processo de nacionalização; os demais tinham maior expressão regional.

Outra tese de grande notoriedade é a do cientista político Wanderley Guilherme dos Santos (1986), que busca explicar o contexto de crise e o rompimento democrático em 1964. As desigualdades entre as regiões, a lista aberta, a coligação sem sublegenda e a ausência de cláusulas de exclusão permitiram que partidos fracos se proliferassem, sem estrutura nem consistência, o que dificultou, segundo o autor, a formação de alianças pouco coesas no Congresso Nacional. Esse foi um fator preponderante que levou à paralisia decisória, em 1964, culminando no golpe civil-militar – o qual vigorou por 21 anos. O autor também correlaciona a fragmentação partidária como fator gerador da crise, já que, em fins de 1950 e 1964, o sistema partidário brasileiro pluralista moderado (ou segmentado) transformou-se em um pluralismo

> O Brasil chegou a ter 13 partidos políticos representados no Congresso Nacional no período de 1945 a 1964 – o primeiro período democrático de nossa história.

extremamente polarizado, com a presença de uma radicalização que impediu os partidos de empenhar o processo normal de cooperação e compromisso. A paralisia decisória costuma ser consequência de sistemas altamente polarizados.

A ditadura civil-militar iniciada em 1964 no Brasil não fechou o Congresso, mas retirou o direito a voto dos eleitores, realizando um sistema indireto para a escolha dos governantes dos estados e do presidente do país. As definições passaram a ser por Colégios Eleitorais, formados por políticos, parlamentares e delegados indicados por partidos. O presidente do país era um oficial militar escolhido pelo Congresso Nacional, e os governadores eram escolhidos pelas Assembleias Legislativas. As instituições eram controladas e muitos parlamentares perderam seus cargos de forma arbitrária, vítimas de perseguições políticas.

Os partidos políticos foram extintos em 1965, e, mais uma vez, tivemos a experiência partidária interrompida. Como o Legislativo ainda funcionava, o regime militar decidiu formar um novo sistema partidário para substituir o extinto. O sistema escolhido foi simplificado: concorreriam dois partidos, e o pré-requisito para sua formação era a obtenção do apoio de um terço do Congresso Nacional. Surgiram, assim, dois partidos políticos: um de apoio ao governo autoritário (**Arena**) e outro que representava a oposição de fachada (Movimento Democrático Brasileiro – **MDB**). Esses novos partidos tinham a marca do autoritarismo e do artificialismo, o que, evidentemente, minava qualquer possibilidade de criação de identidade partidária na população.

Após um longo período de dominância da Arena, a tendência de oposição do eleitorado, que estava cada vez mais urbano, aumentou gradativamente. Ao mesmo tempo, o MDB foi se tornando mais aguerrido e oposicionista ao regime. O fortalecimento da oposição colaborou para a pressão do processo de redemocratização do país. Assim, a população começou a se manifestar contra as atrocidades ocorridas na ditadura, e as organizações sociais, os sindicatos, a Igreja Católica e os movimentos sociais uniram-se para exigir a volta da democracia. Foi nesse período da história que as manifestações poliárquicas mais importantes ocorreram (Lamounier, 2015).

O processo de redemocratização foi realizado à maneira do presidente militar Ernesto Geisel (1907-1996): lento e gradual. Durante esse processo, manteve-se o controle da situação nas mãos dos militares, que temiam a oposição no Congresso. A grave situação econômica no último governo militar, de João Figueiredo (1979-1985), colaborou para a Arena perder ainda mais cadeiras no Congresso. Tendo isso em vista, o governo decidiu promover uma nova mudança no sistema partidário, de cima para baixo, extinguindo a Arena e o MDB – no momento em que este se fortalecia e estava prestes a se tornar um partido de massas. Essa mudança, conforme era seu objetivo, criou, em dezembro de 1979, um novo pluripartidarismo, moderado, com cinco ou seis partidos (Fleischer, 2007).

A politóloga Maria D'Alva Kinzo (1988) chama atenção para o caso brasileiro, o único na América Latina em que o regime militar incentivou a criação de um sistema partidário. Esse novo sistema, por sua vez, não trouxe partidos do passado, com exceção do PCB, do Partido Democrático Trabalhista (PDT) e da continuidade do MDB, conhecido atualmente como Partido do Movimento Democrático Brasileiro (PMDB). Essa foi a morte efetiva do sistema partidário de 1946.

(8.2)
A Nova República e o atual quadro partidário

A reformulação partidária tinha como propósitos: (a) manter dois partidos sucessores do regime: o Partido Democrático Social (PDS) e o PMDB; (b) lançar um novo partido de centro: o Partido Progressista (PP), com políticos moderados do extinto MDB e dissidentes liberais da Arena; e (c) inserir dois partidos trabalhistas: um nos moldes do antigo PTB e outro nos moldes do Partido Socialista Operário Espanhol (PSOE) – o Partido Trabalhista (PT), liderado pelo sindicalista Luiz Inácio Lula da Silva (1945-) (Fleischer, 2007). De fato, seis partidos conseguiram alistar as bancadas no Congresso Nacional em 1980. O PDS, partido governista, ficou com cerca de 225 deputados, formando a maioria na Câmara; o PP, com 68; o MDB acabou se dividindo (o PT, por exemplo, arregimentou cinco deputados dissidentes do MDB) e o PMDB ficou com metade dos deputados que anteriormente tinha.

Leonel Brizola (1922-2004), principal líder do PTB de 1945 a 1964, teve seu mandato de deputado federal cassado no Ato Institucional n. 1, em 9 de abril de 1964, durante a ditadura militar, sob a acusação de ter sido uns dos líderes das "reformas de base" de João Goulart. Como também era um forte opositor da ditadura, foi exilado.

Após o retorno de Brizola ao Brasil no período de redemocratização, houve uma acirrada disputa pela sigla do partido. No entanto, Ivete Vargas (1927-1984), deputada aliada à Arena e sobrinha de Getúlio Vargas (fundador do partido), pediu o registro do PTB primeiro. Assim, o PTB acabou ficando sob a liderança da ex-deputada, o que levou Brizola a organizar outro partido, o Partido Democrático Trabalhista (PDT) – partido ao qual a ex-presidenta Dilma Rousseff (1947-) foi filiada até 2001.

Esse novo sistema partidário não surgiu da derrocada do regime militar, mas de uma tentativa de reciclá-lo e prolongá-lo o máximo possível (Motta, 1999). A construção da democracia estava em andamento, fruto da conciliação de interesses entre as elites políticas, que viram nas eleições e nos partidos uma maneira de solucionar os conflitos. A maioria dos historiadores marca 1985 como o fim do período de transição – o fim da ditadura militar e o início da democracia. No entanto, se considerarmos a primeira eleição direta para presidente, esse período só foi completamente findado em 1989, visto que, apesar das manifestações pedindo eleições diretas, a eleição para presidente do país em 1985 foi realizada via Colégio Eleitoral – a última nesse formato (Codato, 2005).

Antes disso, houve uma cisão no PDS em torno da escolha do candidato. Uma fração liberal do PDS defendia a realização de uma eleição prévia interna para escolher o candidato à presidência da República. Já o grupo majoritário, governista, desejava manter o mecanismo tradicional, articulando informalmente a escolha de um candidato em uma convenção nacional do partido. Aqueles que defendiam uma eleição prévia formaram a Frente Liberal e se uniram ao PMDB, selando, assim, a Aliança Democrática e articulando a chapa de Tancredo Neves (1910-1985) para presidente e de José Sarney (1930-) para vice. Já o PDS escolheu o ex-governador Paulo Maluf (1931-) para presidente e o deputado Flávio Marcílio (1917-1992) para vice. Em 1985, a chapa Tancredo-Sarney foi eleita pelo Colégio Eleitoral, e a dissidência do PDS transformou-se no Partido da Frente Liberal (PFL). Esse partido, coligado com o PMDB, serviu de base para o governo do presidente Sarney depois da morte do presidente Tancredo Neves.

O pluripartidarismo se diversificou, em 1985, em três polos: PDS, PMDB e PFL (Fleischer, 2007). A partir de então, as eleições presidenciais foram diretas, ficou autorizada a livre criação de novos partidos políticos e a reorganização de todas as agremiações que tiveram seus registros indeferidos, cassados ou cancelados no regime militar. De 1985 a 2000, o Tribunal Superior Eleitoral (TSE) "já concedeu registro eleitoral a mais de 70 diferentes partidos, dos quais grande maioria obteve apenas o registro provisório, desfrutando de uma existência muita efêmera e encerrando suas atividades muito sem obter o registro eleitoral definitivo" (Schmitt, 2005, p. 37). Houve o retorno de partidos como o PCB e o Partido Comunista do Brasil (PCdoB), bem como a criação de novos, como o Partido Democrata Cristão (PDC), o Partido Liberal (PL) e o Partido Socialista Brasileiro (PSB). O sistema partidário foi de 5 para 11 partidos, e o PMDB foi considerado o maior partido da Assembleia Nacional Constituinte de 1987/1988 (Schmitt, 2005).

Após a Constituinte, e também nas eleições municipais de 1988, outros partidos surgiram, tal como o Partido da Social Democracia Brasileira (PSDB) – como dissidente do PMDB na Assembleia Nacional Constituinte –, o Partido da Juventude (PJ), o Partido Social Cristão (PSC), o Partido Trabalhista Renovador (PTR), o PSD e o Partido Municipalista Brasileiro (PMB). As eleições foram marcadas pelo declínio do PMDB e pela ascensão do PSDB (Fleischer, 2007).

A Nova República, que vigora atualmente, surgiu com a implementação da Constituição Federal, em 1988 – a sétima constituição do país e a sexta da República. Nesse novo sistema, implementaram-se inovações importantes: os analfabetos finalmente tiveram direito de voto, de forma facultativa, e também os jovens de 16 anos a 18 anos. Os analfabetos não podiam votar desde 1881, e essa inclusão fez a participação eleitoral aumentar de maneira impressionante: em 1989, 72 milhões de eleitores foram às urnas votar para o cargo de Presidente da República, de um total de 82 milhões de eleitores aptos.

Finalmente, o presidente do país passou a ser eleito via voto popular, depois de 29 anos desde o último pleito (Motta, 1999). A Constituição Federal de 1988 (Brasil, 1988) foi bastante liberal em relação à formação de partidos, pois previu a livre criação, fusão, incorporação e extinção de partidos, resguardados o regime democrático; a soberania nacional; o pluripartidarismo; os direitos humanos; o caráter nacional; a proibição de recebimento de recursos financeiros de governo ou de entidade estrangeiras; a prestação de contas à Justiça Eleitoral; o funcionamento parlamentar de acordo com a lei; a autonomia para definir sua estrutura interna, sua organização e seu funcionamento, devendo seus estatutos estabelecerem normas de fidelidade e de disciplina partidárias. Alterada a personalidade jurídica de direito público interno para de direito privado, os partidos receberam, dessa maneira, maior autonomia para determinar suas próprias regras internas de organização e de funcionamento.

Em 1989, nosso sistema partidário foi de 17 para 22 partidos, com 22 candidatos à Presidência da República, embora a liderança tenha sido de 2 partidos com pouca representação no Congresso: o Partido da Reconstrução Nacional (PRN) e o PT. Quem elegeu seu candidato, Fernando Collor de Mello (1949-), foi o PRN, mas quem arregimentou grandes setores da sociedade, como intelectuais, Igreja Católica e, sobretudo, sindicatos de trabalhadores (de um dos quais despontou seu principal líder e candidato à presidência, Lula) foi o PT – o que o tornou o partido de massas do país. O PT é de origem externa ao parlamento, tem caráter nacional e é estruturado por bases sólidas de apoio – financiamento pulverizado, realizado por seus membros – e de formação política. É o característico partido de esquerda de tipo ideal de massas, conforme o modelo apontado por Duverger (1970) (Meneguello, 1989; Keck, 1991).

Em 1990, nas eleições para a Câmara dos Deputados, 19 partidos conquistaram representação no Congresso, sendo 2 partidos grandes, 6 médios e 11 pequenos. Em 1994, foram 18 partidos eleitos. Nota-se a alta fragmentação partidária e o problema do pluralismo exacerbado, conforme a conceituação de Sartori (1982). Para visualizarmos melhor o número de partidos na Câmara dos Deputados, que é o principal indicador de fragmentação partidária, vejamos, de 1998 a 2014, quantos e quais partidos políticos foram eleitos para a Câmara (Tabela 8.1).

Tabela 8.1 – Partidos eleitos para a Câmara dos Deputados do Brasil de 1998 a 2014

	Ano de eleição				
	1998	2002	2006	2010	2014
Partido	PC do B	PC do B	PAN	DEM	DEM
	PDT	PDT	PC do B	PC do B	PC do B
	PFL	PFL	PDT	PDT	PDT
	PL	PL	PFL	PHS	PEN
	PMDB	PMDB	PHS	PMDB	PHS
	PMN	PMN	PL	PMN	PMDB
	PPB	PPB	PMDB	PP	PMN
	PPS	PPS	PMN	PPS	PP
	PRONA	PRONA	PP	PR	PPS
	PSB	PSB	PPS	PRB	PR
	PSC	PSC	PRB	PRP	PRB
	PSD*	PSD*	PRONA	PRTB	PROS
	PSDB	PSDB	PSB	PSB	PRP

(continua)

(Tabela 8.1 – conclusão)

Ano de eleição					
	1998	2002	2006	2010	2014
Partido	PSL	PSDC	PSC	PSC	PRTB
	PST	PSL	PSDB	PSDB	PSB
	PT	PST	PSOL	PSL	PSC
	PTB	PT	PT	PSOL	PSD(K)
	PV	PTB	PT do B	PT	PSDB
		PV	PTB	PT do B	PSDC
		19	PTC	PTB	PSL
			PV	PTC	PSOL
			21	PV	PT
				22	PT do B
					PTB
					PTC
					PTN
					PV
					SD
Total	18	19	21	22	28

Fonte: Elaborada com base em Brasil, 2017a.

Está claro o aumento da fragmentação partidária na Câmara dos Deputados para o período. De 18 partidos representados em 1998, subiu-se para 28 partidos em 2014. Devemos considerar o fato de que alguns partidos que elegem apenas um ou dois candidatos estão contabilizados. Se calcularmos o número de partidos efetivos, com base em Laakso e Taagepera (1979), veremos que há, atualmente, cerca de 13 partidos efetivos no Brasil, o que torna o país o mais fragmentado do mundo (Gallagher, 2016) – algo altamente prejudicial para o manejo de uma coalizão e, consequentemente, para a governabilidade do país. Os partidos menores, que conquistam poucas cadeiras, atuam no Legislativo não de forma individual, mas em blocos (formalizados ou não – vide "Centrão"), em Frentes Parlamentares orientadas por pautas sazonais e que unem um grande número de parlamentares de vários partidos (Frente Parlamentar da Mineração, Ambientalista etc.) e em bancadas partidárias que podem unir vários partidos em blocos ou partidos individuais. O sistema partidário brasileiro apresenta, de acordo com os dados coletados nas eleições de 2016, 35 partidos políticos registrados e 56 em processo de formação aguardando registro (Brasil, 2017a).

Como visto, fatores como o formato do sistema eleitoral incidem sobre o sistema partidário, resultando na maior ou na menor fragmentação partidária. Um aspecto importante refere-se às **distorções na representação** que as regras podem influenciar. Nosso sistema eleitoral mudou pouco desde que se adotou, em 1945, o sistema proporcional nas eleições para a Câmara dos Deputados. As cadeiras são distribuídas com base no cálculo do quociente eleitoral, e os partidos que obtêm pelo menos 10% do valor estão aptos a receber as cadeiras equivalentes ao número de votos. As sobras ocorrem pela maior média entre os partidos, considerando-se o valor mínimo de votos de 10% do quociente eleitoral.

Para saber quais candidatos ocuparão as cadeiras, recorre-se à lista partidária, que é aberta e ordenada conforme votação do candidato. A lista aberta entrou em vigor no Brasil em 1945 e, desde então, faz-se o alerta de que esse método fortalece os candidatos individualmente e enfraquece os partidos.

No Brasil, esse tipo de lista permite a coligação partidária. Assim, um partido pode concorrer sozinho ou coligado nas eleições proporcionais e na distribuição das vagas. Além disso, os votos nos partidos coligados são somados e as vagas são conquistadas pela coligação, considerada como um único partido.

A lista aberta também gera algumas distorções na representação, como o candidato que atinge um número de votos maior que o de outros não conquistar cadeira, em virtude de sua coligação ou partido não ter atingido o coeficiente eleitoral. O formato de coligação adotado no Brasil acaba favorecendo o maior partido (PMDB, frequentemente), e o partido mais votado em número expressivo de estados acaba ficando com uma bancada sobrerrepresentada no âmbito nacional (Nicolau, 2015).

Reformas políticas em andamento preveem o fim das coligações em eleições proporcionais, o fim das cláusulas de barreira nos estados e a correção do número de cadeiras de cada estado na Câmara dos Deputados, a fim de corrigir as distorções no sistema representativo. No que diz respeito aos partidos propriamente ditos, poderia ocorrer um fortalecimento dessas organizações se fossem proibidas as coligações nas eleições, possibilitando-se que os partidos que não atingissem o quociente disputassem as cadeiras restantes e que fosse feita uma distribuição do fundo partidário somente aos partidos que recebessem um número mínimo de votos, a fim de se obter um estreitamento dos laços dos partidos com a sociedade e uma reversão da hiperfragmentação do sistema partidário brasileiro (Nicolau, 2017).

No sistema eleitoral brasileiro, as eleições legislativas são proporcionais e, para o Executivo e o Senado, majoritárias. O presidente, os governadores e os prefeitos são escolhidos pelo sistema de dois turnos, no qual o candidato precisa receber a metade dos votos válidos + 1 no primeiro turno. Se isso não acontecer, os dois mais votados vão para o segundo turno e o que obtiver a maioria dos votos (50% + 1) vence as eleições. Os prefeitos de cidades com menos de 200 mil eleitores são eleitos por maioria simples – o mais votado é eleito em um único turno. Já os senadores, diferentemente dos demais cargos (que têm mandato de quatro anos), têm mandatos de oito anos e são eleitos alternadamente: em uma eleição é eleito um senador e, na próxima, dois. Nesse caso, também é utilizada a regra da maioria simples, ou seja, o mais votado ou os dois mais votados são eleitos.

No segundo aspecto, sobre a **relação entre os sistemas eleitoral e partidário** no Brasil, dois estudos são essenciais para compreender a incidência das regras eleitorais na fragmentação partidária, com a aplicação das Leis de Duverger para o caso brasileiro. O primeiro é o estudo de Jairo Nicolau e Rogério Schmitt, de 1995, no qual os autores avaliam o impacto do sistema eleitoral sobre o partidário no Brasil. Para isso, eles utilizam a fórmula eleitoral, a magnitude do distrito (número de representantes eleitos pelo distrito, no caso de sistemas majoritários iguais a 1 e proporcionais, de acordo com a proporcionalidade dos votos) e o processo intralista de escolha dos candidatos (o voto preferencial).

Os autores analisam a fórmula eleitoral vigente e a cláusula de exclusão nas eleições proporcionais (de 1994), e seus achados vão no sentido oposto do esperado, reforçando o efeito mecânico de Duverger, já que as regras eleitorais vigentes no Brasil operam a favor dos maiores partidos, e não no sentido da fragmentação. Além disso, a inclusão dos votos brancos no cálculo do quociente eleitoral e a exclusão de partidos que não alcançam o quociente fariam diminuir o número de partidos, e não o contrário (Nicolau; Schmitt, 1995).

Já na análise da magnitude do distrito, partiu-se do pressuposto de Duverger de que, quanto maior for a magnitude (o número de eleitos por distrito), menor será o efeito mecânico de Duverger (de aumento da fragmentação). Como o tamanho dos distritos varia, o resultado do sistema nacional é a agregação de todos os estados (distritos eleitorais) e a realização da média. Sobre esse aspecto, Nicolau e Schmitt (1995, p. 142) concluem:

- *embora a magnitude média hipotética coloque o Brasil entre os países de alta magnitude global, a magnitude real o aproxima do padrão de países com média magnitude;*
- *na prática, a maioria dos distritos funciona de maneira menos proporcional que a esperada. Observa-se que eles majoritariamente operam como distritos médios (M<12);*
- *a alta magnitude de alguns distritos brasileiros minimiza as distorções produzidas nos distritos com M<12.*

Portanto, as causas da alta fragmentação partidária brasileira não derivam das duas principais características do sistema eleitoral: fórmula e magnitude, já que a primeira funciona de maneira a favorecer os maiores partidos, reduzindo consequentemente a fragmentação eleitoral, e a segunda, no agregado, acaba exigindo dos partidos, na maioria dos estados, um patamar razoável de votação para que eles tenham representação parlamentar.

Outra questão analisada pelos autores, já mencionado anteriormente, é o **sistema de lista aberta**, conhecido por estimular a criação, "por parte dos candidatos, de lealdades extrapartidárias com clientelas específicas do eleitorado (bases territoriais, grupos profissionais, segmentos sociais)" (Nicolau; Schmitt, 1995. p. 146) e diminuir a força e a importância dos partidos para privilegiar os candidatos e suas conexões eleitorais.

No que diz respeito à relação entre o **voto preferencial** e o **sistema multipartidário**, os autores não encontraram relação entre ambos, pois as campanhas individualizadas poderiam ocorrer também em um sistema bipartidário. Ainda há um incentivo para os candidatos ficarem nos partidos, já que a disputa intralista arbitrada pelos eleitores é mais benéfica para eles do que uma disputa intralista no interior dos partidos. Para os autores, portanto, o sistema eleitoral brasileiro é composto por mecanismos contrários à fragmentação do sistema partidário. Dessa maneira, a explicação para a alta fragmentação partidária estaria em outro lugar.

Um estudo mais recente e igualmente importante sobre as Leis de Duverger, realizado pelo cientista político Fernando Guarnieri (2015), propõe uma análise diferente da de Nicolau e Schmitt. O foco de Garnieri são as eleições majoritárias, já que, segundo ele, nas eleições proporcionais "os custos de entrada nas disputas eleitorais são baixos e, portanto, os mecanismos clássicos identificados pela literatura para reduzir o número de partidos não operam" (Guarnieri, 2015, p. 64). Não há coordenação, assim, de estratégias e de votos das elites políticas. As eleições majoritárias, geralmente de magnitude igual a 1, envolvem apenas uma cadeira, e os custos são muito mais elevados, o que, de acordo com os escritos de Duverger, limitaria o número de partidos na disputa. Guarnieri (2015) parte do pressuposto do caráter natural do bipartidarismo nas sociedades e analisa o caminho ou não para a alta fragmentação do sistema multipartidário. Para tanto, são analisadas as eleições majoritárias de um turno em municípios com menos de 200 mil eleitores, as de dois turnos para governador e as presidenciais.

Os achados do autor comprovam os efeitos da Lei de Duverger para o sistema partidário brasileiro, tanto em eleições majoritárias de um turno quanto em eleições majoritárias de dois turnos, bem como a prevalência da coordenação entre as elites partidárias em período pré-eleitoral. As eleições para prefeito, governador e presidente têm a magnitude igual a 1, o que gera mais espaço para um voto estrategicamente definido. As elites, nesse sentido, podem refletir sobre lançar uma candidatura ou uma lista ou se coligar com outros partidos, já que, dessa forma, há maior proliferação destes (Guarnieri, 2015). São muitas as discussões na ciência política, desde os anos 1990, sobre as possibilidades de reforma do sistema eleitoral ou de inserção de apenas pequenas mudanças na legislação, na busca de controlar e estabilizar o número de partidos no sistema partidário – que, atualmente, encontra-se em seu maior nível. Nas manifestações de junho de 2013 notamos, por exemplo, a ausência de laços partidários na população que foi às ruas. Contrariamente, não se via a classe política e os partidos como seus representantes, uma vez que essas organizações e figuras políticas foram rechaçadas em qualquer aparição pública.

Contudo, outros estudos clássicos demonstram a orientação e a atuação partidária dos parlamentares na arena legislativa (Figueiredo; Limongi, 1999), enfatizando sua importância para a democracia representativa – embora sejam investigações anteriores ao pico de fragmentação percebido após 2010. Dessa forma, cabe aos cientistas políticos analisar e pensar essa agenda de pesquisa recente e repleta de incógnitas.

Síntese

Durante mais de 190 anos de história do Brasil independente, a consolidação democrática passou por um longo período tortuoso em que se excluiu a maioria da população dos processos de decisão. Não obstante, optou-se desde muito cedo por um Estado representativo, ainda que apenas em meados do século XX tenha havido o reconhecimento mútuo do governo e da oposição como competidores legítimos e, de forma mais estável, somente no fim do século XX, no atual período democrático.

Conferimos a descontinuidade não só dos partidos políticos de forma isolada, mas dos próprios sistemas partidários, que voltaram à estaca zero contínua e sucessivamente, obrigados pelas novas autoridades políticas e a cada mudança de regime. Não é difícil atribuir à própria história de formação do Estado brasileiro a frouxidão dos partidos políticos, a fraqueza e a ineptidão dessas agremiações como representantes da sociedade e como referência para o posicionamento eleitoral e programático da população e dos grupos sociais. No entanto, há de se reconhecer os avanços democráticos nas últimas três décadas e, com isso, a liberalização na organização dos partidos.

Por fim, tratamos de dois importantes estudos sobre os impactos do sistema eleitoral nos sistemas partidários e seus pontos de divergência. Com isso, ficamos com o questionamento sobre as reformas eleitorais necessárias para a urgente diminuição do número de partidos em um sistema que se encontra em seu ponto máximo de fragmentação.

Questões para revisão

1. Entre a Revolução de 1930 e a Constituição de 1934, assinale a alternativa que apresenta um direito/progresso que **não** foi adquirido nesse período:
   a) Voto feminino.
   b) Voto secreto.
   c) Justiça eleitoral.
   d) Voto obrigatório.

2. Sobre a política partidária entre 1945 a 1964, assinale a alternativa que apresenta uma de suas características:
   a) Ausência de governos partidários.

b) Existência de coesão entre os partidos no Congresso Nacional.
c) Baixa polarização no Congresso Nacional.
d) Existência de um sistema bipartidário.

3. A respeito da política partidária na Nova República (de 1985 - atual), assinale a alternativa que apresenta uma de suas características:
   a) Continuidade do sistema partidário de 1946.
   b) Baixa fragmentação partidária.
   c) Inclusão de analfabetos entre os que podem votar.
   d) Instauração do voto facultativo a todos os eleitores.

4. Descreva quais pessoas não tinham direito a voto na Primeira República e compare essa situação à da Nova República.

5. Descreva o atual sistema eleitoral brasileiro.

Questões para reflexão

1. Pesquise no *site* do TSE o número de partidos existentes hoje e quantos partidos estão aguardando registro. Analise os documentos partidários e descubra a diferença entre o quadro partidário atual e os sistemas extintos.

BRASIL. Tribunal Superior Eleitoral. Disponível em: <http://www.tse.jus.br>. Acesso em: 26 set. 2017.

2. Quais são as características que fazem o período de 1945 a 1964 ser considerado democrático? Enumere todos os anos em que o sistema partidário foi rompido ou suspenso no Brasil.

Para saber mais

Para entender melhor os partidos e os sistemas partidários no Brasil, é imprescindível a leitura de algumas obras que inauguraram esse estudo, como a da politóloga Rachel Meneguello sobre a formação do Partido dos Trabalhadores (PT) e a do brasilianista Scott P. Mainwaring sobre o sistema partidário brasileiro.

MENEGUELLO, R. **PT**: a formação de um partido (1979-1982). São Paulo: Paz e Terra, 1989.

MAINWARING, S. P. **Sistemas partidários em novas democracias**: o caso do Brasil. Tradução de Vera Pereira. Rio de Janeiro: Ed. da FGV, 2001.

Para concluir...

Concluímos nossa caminhada de análise dos partidos e dos sistemas partidários. Inicialmente, esclarecemos que os partidos são resultado de um processo histórico de organização de segmentos da população e da sociedade civil, bem como de sua demanda por participação em políticas públicas gerais. Com base nisso, analisamos como, nesse processo, os partidos foram se diferenciando de outras organizações anteriormente existentes, a exemplo dos grupos parlamentares, das associações empresariais e dos sindicatos. Com a modificação do ambiente histórico em que se formaram os partidos, alteraram-se também as organizações que integravam os sistemas partidários existentes.

Os primeiros partidos apresentavam natureza aristocrática, ou seja, eram controlados por uma elite reduzida, que não representava os interesses da maioria da população. Com o passar do tempo, os partidos ampliaram seu campo de recrutamento e se transformaram em partidos de massa. No entanto, foi apenas com a consolidação das democracias nos pós-guerra (Segunda Guerra Mundial) que tivemos a institucionalização dos partidos de massa e sua participação regular no jogo democrático. A necessidade de ganhar eleições e competir pelo voto estimularam os partidos a adotar estratégias mais amplas de persuasão política. Com a chegada de tais partidos ao poder e sua incorporação ao aparelho de Estado como gestores de políticas públicas, surgiram os partidos cartéis, que geraram uma estrutura oligopólica de competição partidária, a qual acabou transformando muito dos principais partidos existentes nas democracias contemporâneas em apêndices do Estado, afastando-os da sociedade civil e do cidadão mediano. Tratamos, ainda, do processo dialético de superação, em que o desgaste dos partidos cartéis está cedendo lugar a novos formatos organizacionais, possibilitados pelas tecnologias digitais.

Todo esse processo de mudança nas organizações partidárias se refletiu na dinâmica de sistemas de representação política. Novos atores partidários foram progressivamente incorporados ao sistema político, gerando novos formatos de competição e aumentando o pluralismo no sistema. Com a crise dos partidos antissistema, no fim dos anos 1980, o sistema de pluralismo moderado tendeu a se difundir pelas democracias do mundo, tornando mais heterogêneo esse formato de organização. Os sistemas de partido-estado também entraram em crise, gerando a difusão de sistemas partidários competitivos para várias partes do mundo, o que tornou os partidos onipresentes e ainda mais relevantes.

Nos anos 1990, tivemos uma nova onda de difusão do pluralismo pelo mundo, como a redemocratização dos países da América Latina. Com isso, partidos ecológicos se organizaram e colocaram a questão do meio ambiente na agenda da política pública global. Ao mesmo tempo, despontaram os populismos de direita na Europa, em grande parte como uma reação à ossificação dos sistemas partidários em decorrência do predomínio dos partidos cartéis.

Apesar da suposta crise de representação, nunca houve tantos partidos no mundo nem tantos sistemas partidários efetuando eleições regularmente e promovendo alternâncias pacíficas de poder entre as elites políticas como agora. O impacto massivo das tecnologias digitais sobre os partidos, os sistemas partidários e os processos de representação geraram novas indagações: Será que isso nos conduzirá futuramente a formatos mais participativos e transparentes de organização partidária, mais próximos à população comum e menos dependentes do Estado? Transitaremos para uma democracia de minipúblicos, em substituição à democracia de público anterior, na qual predominavam as mídias tradicionais, tais como televisão e jornais impressos? Quais serão os impactos desses processos sobre a qualidade da democracia? Essas são questões sem resposta definitiva, pois se referem a processos ainda em curso, que testemunhamos em nosso dia a dia.

Além disso, apresentamos a trajetória política singular do Brasil em comparação com os países desenvolvidos. A caminhada rumo a uma democracia pluralista começou ainda no Império, com o surgimento de partidos oligárquicos e escravocratas. Embora os partidos do período imperial não fossem um exemplo bom de pluralismo, com o surgimento da República Velha, instaurou-se um sistema partidário ainda pior nesse aspecto, que foi seguido por um período de instabilidade política sucedido por uma ditadura. Somente no pós-guerra é que o Brasil experimentou seu primeiro ensaio de democracia pluralista, que durou apenas 20 anos. Esse breve período foi interrompido pelo golpe de 1964, época em que os países desenvolvidos viviam um florescimento democrático e partidário. Essas rupturas dificultaram ainda mais a institucionalização de partidos sólidos e de um sistema partidário pluralista socialmente enraizado no Brasil. Entretanto, a democracia partidária havia plantado algumas sementes em nossa democracia, o que é demonstrado pelo fato de que nem mesmo o regime autoritário dos militares conseguiu liquidar os partidos políticos.

Com a transição para a democracia entre 1985 e 1988, mudamos de um bipartidarismo autoritário, embora singular, para um pluripartidarismo altamente fragmentado, pouco institucionalizado e com forte presença de líderes personalistas. Nesse contexto, as manifestações de junho de 2013 colocaram com mais força do que qualquer argumento teórico a questão da representação política na agenda de debates públicos. O que fazer diante de tal quadro? Para onde vai nosso sistema partidário? Responder a essas indagações de maneira taxativa foge ao escopo desse livro introdutório. Esperamos, no entanto, que esta obra tenha oferecido subsídios analíticos para auxiliar, da maneira mais autônoma possível, na reflexão sobre essas questões, a fim de que possamos conseguir eventuais respostas para esses questionamentos.

Referências

ABAL MEDINA, J. M. Elementos teóricos para el análisis contemporáneo de los partidos políticos: un reordenamiento del campo semántico. In: CAVAROZZI, M.; ABAL MEDINA, J. (Ed.). **El asedio a la política**: los partidos latinoamericanos tras la década del neoliberalismo. Rosario: Homo Sapiens, 2002. p. 33-54.

ABRANCHES, S. H. H. de. Presidencialismo de coalizão: o dilema institucional brasileiro. **Dados**: Revista de Ciências Sociais, Rio de Janeiro, v. 31, n. 1, p. 5-34, 1988.

ALDRICH, J. H. **Why Parties?** The Origin and Transformation of Political Parties in America. Chicago: University of Chicago Press, 1995. (American Politics and Political Economy Series).

AMARAL, O. O que sabemos sobre a organização dos partidos políticos: uma avaliação de 100 anos de literatura. **Revista Debates**, Porto Alegre, v. 7, n. 2, p. 11-32, maio/ago. 2013. Disponível em: <http://seer.ufrgs.br/debates/article/view/38429>. Acesso em: 26 set. 2017.

BRAGA, S.; ROCHA, L. C.; CARLOMAGNO, M. C. A internet e os partidos políticos brasileiros. **Cadernos Adenauer**, Rio de Janeiro, v. 16, n. 3, p. 47-73, 2015. Disponível em: <http://www.kas.de/wf/doc/16507-1442-5-30.pdf>. Acesso em: 25 set. 2017.

BRASIL. Câmara dos Deputados. **Bancada na eleição**. 2014. Disponível em: <http://www2.camara.leg.br/deputados/pesquisa/bancadas/bancada-na-eleicao>. Acesso em: 13 set. 2017.

BRASIL. Constituição (1988). **Diário Oficial da União**, Brasília, DF, 5 out. 1988. Disponível em: <http://www.planalto.gov.br/ccivil_03/Constituicao/Constituicao.htm>. Acesso em: 25 set. 2017.

_____. Lei n. 13.165, de 29 de setembro de 2015. Diário Oficial da União, Poder Legislativo, Brasília, DF, 29 set. 2015. Disponível em: <http://www.planalto.gov.br/ccivil_03/_ato2015-2018/2015/lei/l13165.htm>. Acesso em: 6 set. 2017.

BRASIL. Tribunal Superior Eleitoral. **Eleições anteriores**. Disponível em: <http://www.tse.jus.br/eleicoes/eleicoes-anteriores/eleicoes-anteriores>. Acesso em: 25 set. 2017a.

_____. **Estatísticas do eleitorado**: eleitores filiados. Disponível em: <http://www.tse.jus.br/eleitor/estatisticas-de-eleitorado/estatistica-de-filiados>. Acesso em: 25 set. 2017b.

BRYCE, J. Preface. In: OSTROGORSKI, M. (Ed.). **Democracy and the Organization of Political Parties**. New Brunswick: Transaction Books, 1982. p. 1-8.

CARVALHO, C. S. et al. **Introdução à política**. Curitiba, 2011. Disponível em: <https://www.academia.edu/11116912/Conceitos_principais_a_respeito_dos_partidos_pol%C3%ADticos_sistemas_de_partidos_e_sistemas_eleitorais_como_elementos_constituintes_da_representa%C3%A7%C3%A3o_pol%C3%ADtica>. Acesso em: 26 set. 2017.

CARVALHO, J. M. de. **Os bestializados**: o Rio de Janeiro e a República que não foi. São Paulo: Companhia das Letras, 1987.

CERRONI, U. **Teoria dos partidos políticos**. São Paulo: Ed. Ciências Humanas, 1982.

CHACON, V. **História dos partidos brasileiros**. 3. ed. Brasília: Ed. UnB, 1998.

CHARLOT, J. **Os partidos políticos**. Brasília: Ed. UnB, 1982.

CINTRA, A. O. Sistema eleitoral. In: ANASTASIA, L. A. F. (Org.). **Reforma política no Brasil**. Belo Horizonte: Ed. UFMG, 2006. p. 128-132.

CODATO, A. N. Uma história política da transição brasileira: da ditadura militar à democracia. **Revista de Sociologia e Política**, Curitiba, n. 25, p. 83-106, nov. 2005. Disponível em: <http://revistas.ufpr.br/rsp/article/view/7074>. Acesso em: 25 set. 2017.

CORPORACIÓN LATINOBARÓMETRO. **Informe 2016**. 2016. Disponível em: <http://www.latinobarometro.org/latContents.jsp>. Acesso em: 25 set. 2017.

DALTON, R.; FARRELL, D.; MCALLISTER, I. **Political Parties and Democratic Linkage**: how Parties Organize Democracy. Oxford: Oxford University Press, 2011.

DALTON, R. J.; MCALLISTER, I.; WATTENBERG, M. P. Democracia e identificação partidária nas sociedades industriais avançadas. **Análise Social**, v. 38, n. 167, p. 295-320, 2003. Disponível em: <http://analisesocial.ics.ul.pt/documentos/1218738858V5xST4bl7Mk14EP6.pdf>. Acesso em: 25 set. 2017.

DALTON, R. J.; WATTENBERG, M. P. **Parties Without Partisans**. New York: Oxford University Press, 2000.

DOWNS, A. **Uma teoria econômica da democracia**. Tradução de Sandra Guardini T. Vasconcelos. São Paulo: Edusp, 1999.

DRUMMOND, D. **A visibilidade da Assembleia Legislativa do Estado do Paraná na imprensa estadual (2010-2011)**. 2013. 120 f. Dissertação (Mestrado em Ciência Política) – Setor de Ciências Humanas, Letras e Artes da Universidade Federal do Paraná, Curitiba, 2013.

DULLES, J. F. **O comunismo no Brasil (1935-1945)**. Tradução de Raul de Sá Barbosa. Rio de Janeiro: Nova Fronteira, 1982.

DUVERGER, M. **L'influence des systèmes electoraux sur la vie politique**. Paris: Armand Colin, 1954.

_____. **Os partidos políticos**. Tradução de Cristiano Monteiro Oiticica. Rio de Janeiro: J. Zahar, 1970.

_____. _____. 2. ed. Rio de Janeiro: J. Zahar; Ed. UnB, 1980.

FIGUEIREDO, A.; LIMONGI, F. **Executivo e Legislativo na nova ordem constitucional**. reimpr. Rio de Janeiro: Ed. FGV, 1999.

FLEISCHER, D. Os partidos políticos. In: CINTRA, A. O.; AVELAR, L. (Org.). **Sistema político brasileiro: uma introdução**. 2. ed. rev. e ampl. Rio de Janeiro: Konrad Adenauer Stiftung; São Paulo: Ed. da Unesp, 2007. p. 303-348.

FRANCO, A. A. de M. **História e teoria dos partidos políticos no Brasil**. 2. ed. São Paulo: Alfa-Ômega, 1974.

GALLAGHER, M. **Electoral Systems**. Dublin, 16 Dec. 2016. Disponível em: <http://www.tcd.ie/Political_Science/staff/michael_gallagher/ElSystems/index.php>. Acesso em: 25 ago. 2017.

GIBSON, R. K. Party Change, Social Media and the Rise of 'Citizen-initiated' Campaigning. **Party Politics**, v. 21, n. 2, p. 183-197, 2015. Disponível em: <http://journals.sagepub.com/doi/full/10.1177/1354068812472575>. Acesso em: 25 set. 2017.

GROFMAN, B.; LIJPHART, A. (Ed.). **Electoral Laws and Their Political Consequences**. 3rd print. New York: Algora Publishing, 2003.

GUARNIERI, F. Voto estratégico e coordenação eleitoral: testando a Lei de Duverger no Brasil. **Revista Brasileira de Ciências Sociais**, v. 30, n. 89, p. 77-92, out. 2015. Disponível em: <http://www.scielo.br/scielo.php?pid=S0102-69092015000300077&script=sci_abstract&tlng=pt>. Acesso em: 25 set. 2017.

GUNTER, R.; DIAMOND, L. Espécies de partidos políticos: uma nova tipologia. Tradução de Cristiane Yagasaki. **Paraná Eleitoral**: Revista Brasileira de Direito Eleitoral e Ciência Política, Curitiba, v. 4, n. 1, p. 7-51, 2015. Disponível em: <http://revistas.ufpr.br/pe/article/view/42809/25967>. Acesso em: 25 set. 2017.

HUME, D. **Of Parties in General**. 1742. Disponível em: <http://www.econlib.org/library/LFBooks/Hume/hmMPL8.html>. Acesso em: 25 set. 2017.

JANDA, K.; KING, D. Formalizing and Testing Duverger's Theories on Political Parties. **Comparative Political Studies**, Washington, v. 18, n. 2, p. 139-169, 1985. Disponível em: <https://www.researchgate.net/publication/249698702_Formalizing_and_Testing_Duverger%27s_Theories_on_Political_Parties>. Acesso em: 25 set. 2017.

KATZ, R. S.; CROTTY, W. **Handbook of Party Politics**. London; Thousand Oaks; New Delhi: Sage Publications, 2006.

KATZ, R. S.; MAIR, P. Changing Models of Party Organization and Party Democracy: the Emergence of the Cartel Party. **Party Politics**, v. 1, n. 1, p. 5-28, 1995. Disponível em: <https://www.researchgate.net/publication/245638998_Changing_Models_of_Party_Organization_and_Party_Democracy_The_Emergence_of_the_Cartel_Party>. Acesso em: 25 set. 2017.

_____. (Ed.). **How Parties Organize**: Change and Adaptation in Party Organizations in Western Democracies. London Thousand Oaks; New Delhi: Sage Publications, 1994.

_____. El partido cartel: la transformación de los modelos de partidos y de la democracia de partidos. Traducción de María Jiménez Buedo. **Zona Abierta**, n. 108/109, p. 9-39, 2004. Disponível em: <http://escueladegobierno.corrientes.gov.ar/assets/articulo_adjuntos/2710/original/Katz_y_Mair-El_partido_cartel.pdf?1484567739>. Acesso em: 25 set. 2017.

_____. The Ascendancy of the Party in Public Office: Party Organizational Change in Twentieth-Century Democracies. In: GUNTHER, R.; MONTERO, J. R.; LINZ, J. (Ed.). **Political Parties**: Old Concepts and New Challenges. Oxford: Oxford University Press, 2002. p. 113-135.

KATZ, R. S.; MAIR, P. The Cartel Party Thesis: a Restatement. **Perspectives on Politics**, Bloomington, v. 7, n. 4, p. 753-766, Dec. 2009. Disponível em: <https://www.tcd.ie/Political_ Science/undergraduate/module-outlines/ss/political-parties/ PolP/KatzMairPersp09.pdf>. Acesso em: 25 set. 2017.

_____. The Evolution of Party Organizations in Europe: the Three Faces of Party Organization. **The American Review of Politics**, Fayetteville, v. 14, p. 593-617, 1993. Disponível em: <https://journals.shareok.org/arp/article/view/695/0>. Acesso em: 25 set. 2017.

KECK, M. E. **A lógica da diferença**: o Partido dos Trabalhadores na construção da democracia brasileira. Tradução de Maria Lucia Montes. São Paulo: Ática, 1991.

KEITH, B. et al. **The Myth of the Independent Voter**. Berkeley; Los Angeles: University of California Press, 1992.

KINZO, M. D. G. **Oposição e autoritarismo**: gênese e trajetória do MDB (1966-1979). São Paulo: Vértice, 1988.

KIRCHHEIMER, O. A transformação dos sistemas partidários na Europa Ocidental. **Revista Brasileira de Ciência Política**, Brasília, n. 7, p. 349-385, jan./abr. 2012. Disponível em: <http://periodicos.unb.br/index.php/rbcp/article/ view/6620/5344>. Acesso em: 25 set. 2017.

KROUWEL, A. Party Models. In: KATZ, R.; CROTTY, W. (Ed.). **Handbook of Party Politics**. London; Thousand Oaks; New Delhi: Sage Publications, 2006. p. 249-269.

LAAKSO, M.; TAAGEPERA, R. Effective Number of Parties: a Measure with Application to West Europe. **Comparative Political Studies**, v. 12, n. 1, p. 3-27, 1979. Disponível em: <https://www.researchgate.net/publication/241645380_The_Effective_number_of_parties_a_measure_with_application_to_West_Europe>. Acesso em: 25 set. 2017.

LAMOUNIER, B. O que é que se constrói quando se constrói a democracia. In: CINTRA, A. O.; AVELAR, L. (Org.). **Sistema político brasileiro:** uma introdução. 3. ed. Rio de Janeiro: Konrad Adenauer Stiftung; São Paulo: Ed. Unesp, 2015. p. 13-28.

LIJPHART, A. **Modelos de democracia:** desempenho e padrões de governo em 36 países. Tradução de Roberto Franco. Rio de Janeiro: Civilização Brasileira, 2003.

MAINWARING, S. P. **Sistemas partidários em novas democracias:** o caso do Brasil. Tradução de Vera Pereira. Rio de Janeiro: Ed. da FGV, 2001.

MAINWARING, S.; SCULLY, T. R. Party Systems in Latin America. In: _____. (Ed.). **Building Democratic Institutions:** Party Systems in Latin America. Stanford: Stanford University Press, 1995. p. 1-36.

MAINWARING, S.; TORCAL, M. Teoria e institucionalização dos sistemas partidários após a terceira onda de democratização. Tradução de Pedro Maia Soares. **Opinião Pública**, Campinas, v. 11, n. 2, p. 249-286, out. 2005. Disponível em: <https://periodicos.sbu.unicamp.br/ojs/index.php/op/article/view/8641206/8716>. Acesso em: 25 set. 2017.

MAIR, P. Os partidos políticos e a democracia. **Análise Social**, Lisboa, v. 38, n. 167, p. 277-293, 2003.

MAIR, P. **Party System Change:** Approaches and Interpretations. Oxford: Clarendon Press, 1997.

MANIN, B. A democracia do público reconsiderada. Tradução de Otacílio Nunes. **Novos Estudos – CEBRAP**, São Paulo, n. 97, p. 115-127, nov. 2013. Disponível em: <http://www.scielo.br/scielo.php?script=sci_arttext&pid=S0101-33002013000300008>. Acesso em: 25 set. 2017.

_____. As metamorfoses do governo representativo. Tradução de Vera Vieira. **Revista Brasileira de Ciências Sociais**, São Paulo, v. 29, p. 5-24, 1995. Disponível em: < http://www.anpocs.org.br/portal/publicacoes/rbcs_00_29/rbcs29_01.htm>. Acesso em: 25 set. 2017.

MARGETTS, H. Cyber Parties. In: KATZ, R. S.; CROTTY, W. **Handbook of Party Politics.** London; Thousand Oaks; New Delhi: Sage Publications, 2006. p. 527-550.

MAY, J. Democracy, Organization, Michels. **American Political Science Review**, v. 59, n. 2, p. 417-429, June 1965. Disponível em: <http://people.brandeis.edu/~woll/michels.pdf>. Acesso em: 25 set. 2017.

MCCUBBINS, M. D.; COX, G. W. **Legislative Leviathan.** New York: Cambridge University Press, 1993.

MENEGUELLO, R. **PT:** a formação de um partido (1979-1982). São Paulo: Paz e Terra, 1989.

MICHELS, R. **Los partidos políticos:** un estudio sociológico de las tendencias oligárquicas de la democracia moderna. Traducción de Enrique Molina de Vedia. 2. ed. Buenos Aires: Amorrortu, 1972. v. 1.

MICHELS, R. **Sociologia dos partidos políticos.** Tradução de Arthur Chaudon. Brasília: Ed. UnB, 1982.

MOTTA, R. P. S. **Introdução à história dos partidos políticos brasileiros**. Belo Horizonte: Ed. UFMG, 1999.

NICOLAU, J. M.; SCHMITT, R. A. Sistema eleitoral e sistema partidário. **Lua Nova**: Revista de Cultura e Política, São Paulo, n. 36, p. 129-201, 1995. Disponível em: <http://www.scielo.br/pdf/ln/n36/a08n36>. Acesso em: 25 set. 2017.

NICOLAU, J. Os sistemas eleitorais. In: CINTRA, L. A. A. O. (Ed.). **Sistema político brasileiro**. 3. ed. Rio de Janeiro: Konrad Adenauer Stiftung; São Paulo: Ed. Unesp, 2015. p. 237-246.

_____. **Representantes de quem?** Os (des)caminhos do seu voto da urna à Câmara dos Deputados. São Paulo: J. Zahar, 2017.

_____. **Os sistemas eleitorais**. 5. ed. rev. e atual. Rio de Janeiro: FGV, 2004.

PANEBIANCO, A. **Modelos de partido**: organização e poder nos partidos políticos. Tradução de Denise Agostinetti. São Paulo: M. Fontes, 2005.

PARTIDOS POLÍTICOS. In: BOBBIO, N. **Dicionário de política**. Brasília: Ed. UnB, 1999. p. 898-905.

PERES, P. S. Revisitando a Teoria Geral dos Partidos de Maurice Duverger. **BIB**: Revista Brasileira de Informação Bibliográfica em Ciências Sociais, v. 68, p. 70-92, jul./dez. 2009. Disponível em: <https://works.bepress.com/pauloperes/7>. Acesso em: 28 set. 2017.

PERISSINOTTO, R. **As elites políticas**: questões de teoria e método. Curitiba: InterSaberes, 2012.

PESQUISA de opinião OAB. **Datafolha**, 2015. Disponível em: <http://politica.estadao.com.br/blogs/fausto-macedo/wp-content/uploads/sites/41/2015/07/Apresenta%C3%A7%C3%A3o1-ref-e-conf.pdf>. Acesso em: 28 set. 2017.

PRZEWORSKI, A. Democracy as an Equilibrium. **Public Choice**, v. 123, n. 3, p. 253-273, June 2005.

RAE, D. **The Political Consequences of Electoral Laws**. 2nd. New Haven: Yale University Press, 1971.

RIBEIRO, P. F. El modelo de partido cartel y el sistema de partidos de Brasil. **Revista de Ciencia Política**, Santiago, v. 33, n. 3, p. 607-629, 2013. Disponível em: <http://www.revistacienciapolitica.cl/2014/articulos/el-modelo-de-partido-cartel-y-el-sistema-de-partidos-de-brasil/>. Acesso em: 28 set. 2017.

SANTOS, W. G. dos. **Sessenta e quatro**: anatomia da crise. Rio de Janeiro: Iuperj, 1986.

____(Org.). **Votos e partidos – almanaque de dados eleitorais**: Brasil e outros países. Rio de Janeiro: Ed. FGV, 2002.

SARTORI, G. **Engenharia constitucional**: como mudam as constituições. Tradução de Sérgio Bath. Brasília: UnB, 1996.

____. **Partidos e sistemas partidários**. Tradução de Waltensir Dutra. Rio de Janeiro: J. Zahar; Brasília: Ed. UnB, 1982.

____. **Parties and party systems**: a framework for analysis. Cambridge: Cambridge University Press, 1976.

____. The Influence of Electoral Systems: Faulty Laws or Faulty Method? In: GROFMAN, B.; LIJPHART, A. (Ed.). **Electoral Laws and Their Political Consequences**. 3rd print. New York: Algora Publishing, 2003. p. 43-68.

SCARROW, S. The 19th Century Origins of Modern Political Parties: the Unwanted Emergence of Party-Biased Politics. In: KATZ, R. S.; CROTTY, W. **Handbook of Party Politics**. London; Thousand Oaks; New Delhi: Sage Publications, 2006. p. 16-24.

SCHATTSCHNEIDER, E. E. **Party Government**. New York: Farrar & Rinehart, 1942.

SCHMITT, R. **Partidos políticos no Brasil (1945-2000)**. 3. ed. Rio de Janeiro: J. Zahar, 2005.

SIAROFF, A. **Comparative European Party Systems**: an Analysis of Parliamentary Elections since 1945. New York: Garland Publishing, 2000.

SOUZA, M. do C. C. de. **Estado e partidos políticos no Brasil (1930-1964)**. 2. ed. São Paulo: Alfa Ômega, 1983.

TAVARES, J. A. G. **Sistemas eleitorais nas democracias contemporâneas**: teoria, instituições, estratégia. Rio de Janeiro: Relume-Dumará, 1994.

WEBER, M. Parlamentarismo e governo numa Alemanha reconstruída: uma contribuição à crítica política do funcionalismo e da política partidária. Tradução de Maurício Tragtenberg. In:_____. **Max Weber**: textos selecionados. São Paulo: Nova Cultural, 1997. p. 21-142. (Coleção Os Economistas).

WHITE, J. K. What is a Political Party? In: KATZ, R. S.; CROTTY, W. **Handbook of Party Politics**. London; Thousand Oaks; New Delhi: Sage Publications, 2006. p. 5-15.

WOLINETZ, S. Beyond the Catch-All Party: Approaches to the Study of Parties and Party Organization in Contemporary Democracies. In: GUNTHER, R.; MONTERO, J.; LINZ, J. **Political Parties**: Old Concepts, New Challenges. Oxford: Oxford University Press, 2002. p. 136-165.

ZUCCO JR., C. Estabilidad sin raíces: institucionalización de sistema de partidos en Brasil. In: TORCAL, M. (Coord.). **Sistema de partidos en América Latina**: causas y consecuencias de su equilibrio inestable. Barcelona: Anthropos Editorial; Santa Fe: Ediciones UNL, 2016. p. 78-107.

Respostas

Capítulo 1

Questões para revisão

1. c
2. a
3. c
4. Um partido político pode ser definido como uma organização que busca implementar propostas de gestão global das diferentes sociedades mediante ocupação de cargos governamentais, especialmente por meio de eleições. Já os grupos de pressão são associações que buscam pressionar ou influenciar as autoridades governamentais para a satisfação de medidas específicas, sem postular diretamente a ocupação de cargos governamentais.
5. Os partidos políticos são instituições fundamentais nos regimes democráticos contemporâneos, pois desempenham funções importantes para a organização das democracias representativas. Entre essas funções, podemos destacar a função representativa (organização das demandas da sociedade),

a função governativa (organização da competição entre elites dirigentes pelo poder) e a função de organização da hegemonia política (formulação de programas e objetivos coletivos para as diferentes sociedades).

Capítulo 2

Questões para revisão

1. a
2. a
3. c
4. Partidos de quadros ou de notáveis são aqueles que se organizam predominantemente para disputar as eleições e para eleger determinadas elites políticas, sem ter a preocupação de organizar e mobilizar o povo em períodos não eleitorais. Já os partidos de massa são aqueles que buscam mobilizar e organizar a população entre os períodos eleitorais, por meio da organização de campanhas cívicas e da educação política permanente dos cidadãos. Um efeito colateral desse fato é que os partidos de massa geralmente tendem a ter mais filiados do que os de quadros, embora isso não seja absolutamente necessário.
5. Os partidos profissionais-eleitorais são essencialmente máquinas organizativas para ganhar eleições e, por meio delas, colocar determinadas elites políticas no governo. Para atingir esse objetivo, esses partidos empregam todos os recursos disponíveis: *marketing* político, estratégias do tipo "pega-tudo", ocultação do símbolo do partido durante a campanha eleitoral e tentativa de captar o "eleitor mediano" por meio de um discurso simplista sobre a política, que evite questões que polarizem de forma mais intensa o eleitorado.

Capítulo 3

Questões para revisão
1. a
2. d
3. d
4. Para Sartori (1982), é incorreto qualificar um sistema político como democrático apenas pelo critério do número de partidos, sendo necessário que existam outros requisitos para a democracia, tais como a existência de um pluralismo político-partidário e a alternância efetiva de poder. O regime militar brasileiro garantiu o pluralismo partidário, embora fosse limitado e tutelado pelo Estado. Assim, não vigorava, durante esse regime, uma efetiva garantia da alternância de poder, já que os militares controlavam o processo sucessório no âmbito nacional e impediam que um partido de oposição efetivo chegasse ao poder. Portanto, o mais correto seria caracterizar o regime político do período como autoritário de competição tutelada, em vez de uma efetiva democracia. O mesmo pode ser dito de países do antigo Leste Europeu em que havia mais de um partido, como a Polônia e a antiga Tchecoslováquia.
5. Para Sartori (1982), sistemas de partido único são aqueles em que apenas um partido é legalizado e participa do processo eleitoral. Via de regra, são os partidos que controlam o governo em estados ditatoriais que proíbem legalmente a existência de mais de um partido. Segundo esse autor, é o caso de boa parte dos sistemas de partido único do antigo Leste Europeu, os quais não permitiam a existência legal de mais de uma agremiação competindo nas eleições, assim como Cuba e Coreia do Norte nos dias atuais. Já os sistemas de partido hegemônicos

são aqueles em que se admite a existência de mais de um partido, embora este não possa conquistar o poder de fato. Em síntese, os partidos participam do processo eleitoral, têm existência legal, mas jamais é dada a eles a oportunidade de ganhar as eleições de fato e de eleger os ocupantes de cargos no âmbito nacional. Podemos considerar como exemplo o caso do sistema partidário do regime militar brasileiro (1965-1985), em que, embora houvesse vários partidos políticos, era o do governo (Arena e, posteriormente, o PDS) que detinha o controle dos cargos centrais nacionais, mesmo vigorando certa "liberalização" do regime.

Capítulo 4

Questões para revisão
1. c
2. d
3. b
4. Voto único transferível ou por sistema de listas – que pode ser de lista aberta, fechada ou semiaberta. No segundo caso, aplica-se o cálculo do quociente eleitoral e a distribuição de sobras com a aplicação de fórmula (d'Hondt ou Sainte Langue, por exemplo).
5. A maioria em um sistema majoritário deve ser formada de três maneiras: (1) a relativa ou pluralidade, que recebe a maior quantidade de votos, a maior minoria, sem um mínimo necessário estabelecido; (2) a maioria absoluta, também conhecida como maioria simples, 50% + 1; (3) maioria qualificada, quando há a exigência, por exemplo, de dois terços dos votos. O sistema majoritário pode ter um ou dois turnos.

Capítulo 5

Questões para revisão
1. a
2. c
3. d
4. O sinistrismo é o surgimento de novos partidos em razão da dissidência de outros. Quando isso ocorre, há a sobreposição de dualismos, pois vários partidos de esquerda, de extrema esquerda, de direita e de extrema direita começam a disputar o mesmo espaço.
5. Para o autor, o bipartidarismo é natural em nosso sistema político, já que as lutas políticas sempre ocorreram de forma dual, posição *versus* oposição. O que ele chama de *tendências inversas* levam ao multipartidarismo, tal como o sinistrismo.

Capítulo 6

Questões para revisão
1. d
2. c
3. c
4. Não. A democracia representativa requer a existência de partidos políticos, pelo menos para exercer a função procedimental de participar de eleições e atuar no parlamento, conforme pontua Mair (2003).
5. Segundo Dalton a Wattenberg (2000), o partidarismo atua como uma força estabilizadora para a democracia política, criando continuidade nas escolhas dos eleitores e nos resultados eleitorais. Além disso, quando há insatisfação popular

em relação a determinada política ou governo, os resultados podem ser dirigidos a partidos específicos, e não ao próprio Estado. Os partidos atuam, nesse sentido, como símbolos geradores de identificação e lealdade.

Capítulo 7

Questões para revisão
1. d
2. b
3. d
4. Estrutura de representação, diversidade poliárquica autônoma e condições eleitorais para alternância no poder.
5. Na época, o sufrágio era restrito, e apenas os homens que detinham determinada renda anual (100 mil réis) eram considerados eleitores – isto é, o voto era censitário. As eleições ocorriam em duas etapas: os que contavam com a renda mínima estabelecida faziam a escolha dos candidatos, e estes deveriam ter 400 mil réis (para o cargo de deputado) ou 800 mil réis (para o cargo de senador).

Capítulo 8

Questões para revisão
1. d
2. a
3. c
4. Na República Velha, o voto era censitário, ou seja, o sufrágio era restrito a quem possuísse determinada renda. O sufrágio na Primeira República era ainda mais restrito que no Império, pois excluía os analfabetos – ou seja, 80% dos homens maiores de idade não tinham direito de participar das eleições. A renda mínima aumentou para os eleitores e elas passaram a ser diretas, sem as etapas anteriores. De cerca de 10% da população que votava no período monárquico, apenas 0,80% da população participou das eleições em 1886. Com a justificativa de tentar diminuir o voto de cabresto, a exclusão dos analfabetos acarretou uma representação inferior a 1% da população brasileira naquele período. Já na Nova República, houve de fato uma experiência democrática e inclusiva, já que o sufrágio era universal, ou seja, liberado a toda a população.
5. O atual sistema eleitoral brasileiro para a Câmara dos Deputados, as Assembleias Estaduais e as Câmaras Municipais é proporcional e de lista aberta. Já para os cargos de presidente da República, governadores dos estados, senadores e prefeitos, o sistema é majoritário.

Sobre os autores

Karolina Mattos Roeder é cientista política, graduada em Ciências Sociais e em Gestão Pública pela Universidade do Vale do Itajaí (Univali), e mestra e doutoranda em Ciência Política pela Universidade Federal do Paraná (UFPR). Dedicada aos estudos publicados e pesquisas em andamento sobre a nova direita no Brasil e a seleção de candidaturas nos partidos políticos em Curitiba-PR, está desenvolvendo a tese de doutoramento sobre o recrutamento e a trajetória política da elite parlamentar petista. Atua no Observatório de Elites Políticas e Sociais do Brasil e no Laboratório de Análise dos Partidos Políticos e Sistemas Partidários da UFPR.

Sérgio Braga é professor de Ciência Política da Universidade Federal do Paraná (UFPR) desde 1997. É bacharel e mestre em Ciência Política pela Universidade Estadual de Campinas (Unicamp), doutor em Desenvolvimento Econômico pelo Instituto de Economia da Unicamp e pós-doutor pelo Instituto de Comunicação da Universidade de Leeds, na Inglaterra. É autor de livros e artigos científicos sobre elites políticas brasileiras, instituições políticas comparadas e democracia digital. Seus trabalhos mais expressivos são

Quem foi quem na Assembleia Constituinte de 1946 (1998), *Um perfil socioeconômico da Constituinte de 1946* (1996) e *Parlamento, governo e política econômica no Brasil (1946-1964)* (2017). É coordenador do programa de pós-graduação em Ciência Política da UFPR desde 2017.